VOYAGE
AU
CENTRE DE LA TERRE.

VOYAGE

AU CENTRE DE LA TERRE,

OU

AVENTURES DIVERSES DE CLAIRANCY ET DE SES COMPAGNONS, DANS LE SPITZBERG, AU PÔLE-NORD, ET DANS DES PAYS INCONNUS.

Traduit de l'anglais de Sir Hormisdas-Peath,

Par M. JACQUES SAINT-ALBIN,

Auteur ou traducteur des *Contes noirs*, des *Trois animaux philosophes*, des *Voyages de Paul Bé— dans Paris*, du *Droit du seigneur*, etc.

TOME TROISIÈME.

PARIS,

CHEZ CAILLOT PÈRE ET FILS, LIBRAIRES,
rue Saint-André-des-Arts, n° 57.

1821.

ÉPERNAY, DE L'IMP. DE WARIN-THIERRY.

VOYAGE
AU
CENTRE DE LA TERRE.

CHAPITRE XXIV.

Caverne de brigands. Meurtre exécrable. Vengeance forcenée. Départ de l'île de Sanor.

Il nous restait encore deux heures de jour; nous étions assez près de la lisière du bois, et le village où la femme de Martinet dirigeait ses pas, n'en était distant que d'un quart de lieue; ainsi nous comptions bien la revoir, au plus tard à la chute du jour; mais la nuit vint insensiblement, sans qu'elle reparût. Quand il fit bien noir, nous commençâmes à nous impatienter; nous craignîmes ensuite qu'il ne lui fût arrivé quelque malheur, et après l'avoir encore attendu quelque temps, nous nous décidâmes à marcher à sa rencontre. Malheureusement, l'obscurité nous trompa; au lieu d'aller au midi, nous prîmes des sentiers qui nous conduisirent à l'ouest, et nous fûmes très-étonnés, au bout d'une grande heure de course, de nous trouver plus enfoncés qu'auparavant dans l'épaisseur de la forêt. Le plus sage était de retourner sur nos pas; c'est ce que nous fîmes, mais si maladroitement, qu'il nous fut impossible de nous reconnaître. Vers le milieu de la nuit, Edouard crut apercevoir une lumière à quelques cents pas de nous. Les uns pensèrent que ce pouvait être le bourg; Martinet s'imagina que sa femme nous cherchait avec une torche. — Quoi qu'il en soit, dit Clairancy, avançons.... Quand nous fûmes plus près, cette lumière nous parut un grand feu, et bientôt nous aperçûmes trois ou quatre visages humains, qui se chauffaient dans une caverne profonde. Nous n'en étions plus qu'à vingt pas, et nous nous consultions à voix basse sur ce qui se passait devant nous, quand le peu de bruit que nous faisions fut entendu par les gens de la caverne. Aussitôt une foule d'hommes armés en sortit, nous entoura, et nous mit le poignard sur la gorge. Clairancy, croyant que c'était une troupe de spadassins envoyée à notre poursuite, leur cria avec force : — Malheureux ! baissez vos armes, et respectez l'empereur de Sanor..... A peine ces mots furent-ils prononcés, que d'autres hommes sortirent de la caverne, avec des torches allumées. On nous reconnut, et tous ceux qui nous entouraient déposant leurs armes, l'un d'eux dit ces paroles : — Ah ! c'est autre chose ; entrez, et soyez les bienvenus.

Je n'eus pas de peine à deviner que nous avions affaire avec des brigands ; mais le gouverneur du grand port m'avait dit qu'il y en avait peu dans l'île ; et j'aurais regardé cela comme une fanfaronnade politique, si je n'avais su par expérience que les gouvernemens ne savent pas toujours la moitié de ce qui se passe sous leurs yeux.

Cependant, cette troupe de brigands, qui se trouvait alors à quatre ou cinq lieues de la capitale, dans la forêt même où les princes allaient à la chasse, nous introduisit avec quelque politesse dans la caverne, où nous trouvâmes un bon feu. — Asseyez-vous, nous dit celui qui nous avait déjà parlé, en nous comptant, et en nous offrant cinq tabourets ; vous êtes maudits, et sans doute recherchés par les sots ; ici vous n'avez rien à craindre..... Cette protection nous parut singulière ; mais nous ne pensions point à la délicatesse ; et l'empereur de Sanor se ressouvenant qu'il avait faim, demanda à manger. On nous servit aussitôt des viandes froides, du pain et du vin. Nous avions emporté avec nous le chevreuil qu'Édouard avait tué; on le fit rôtir aussitôt, et, en attendant, chacun de nous se rassasia avec un bon appétit.

Tandis que nous soupions, les brigands qui nous donnaient l'hospitalité, sortirent à la porte de la caverne, pour se consulter sur des choses qui, disaient-ils, nous intéressaient fortement.

Leur délibération ne fut pas longue; ils rentrèrent bientôt, et le plus vieux de la troupe nous dit :
— Messieurs, attendu qu'il est naturel à chacun de penser à prospérer dans son état, nous croyons faire une bonne acquisition en vous re-

cevant dans notre compagnie. Vous êtes proscrit dans l'île ; si vous voulez y rester, vous ne pouvez le faire qu'en vivant dans les bois. Ici, votre taille et votre force nous sera avantageuse, en même temps qu'elle vous rendra redoutables. Nous ferons même pour vous quelques démarches qui vous plairont sans doute ; c'est que nous irons dans des montagnes éloignées, où vous n'aurez pas le désagréable voisinage de la capitale. Voyez si notre offre vous plaît ; celui qui tenait hier le sceptre de Sanor, le prendra aujourd'hui parmi nous. — Les choses vont à merveille, dis-je en riant à Clairancy, et vous êtes vraiment né pour commander : hier vous étiez empereur, aujourd'hui vous voilà chef de brigands.... — Nous ne sommes pas des brigands comme vous l'entendez, reprit l'orateur de la troupe; l'honneur est en vogue dans notre société. Nous ne tuons point, et celui d'entre nous qui donne la mort sans y être forcé, la reçoit aussitôt de nos mains; mais nous dépouillons ceux qui ont trop, de quelques richesses superflues. Nous donnons aux malheureux la dixième partie de nos prises; nous partageons le reste en frères, et le capitaine n'a pas plus grosse part que le cuisinier : son seul avantage est d'être strictement obéi. Depuis dix-huit ans, je m'acquitte honorablement de cette charge; mais la compagnie aurait tant de profit à vous posséder, que je m'en démets de bien bon cœur en faveur du prince maudit.....

Ce discours nous parut bien extraordinaire ; et j'avoue, pour ma part, que je serais resté volontiers parmi ces honnêtes bandits ; mais Clairancy ne voulait pas faire une si lourde chute. — Messieurs, répliqua-t-il aux brigands, qui attendaient sa réponse, je crois exprimer les sentimens de tous mes compagnons, en vous disant que votre proposition nous fait le plus grand honneur, que nous sommes on ne peut plus sensibles à vos procédés, et que nous passerions de bon cœur le reste de notre vie avec vous, si nous étions libres ; mais des engagemens sacrés nous rappellent dans le royaume d'Albur, et nous sommes forcés de nous y rendre. Seulement, pour vous prouver quel cas nous faisons de vous, nous vous laisserons, en vous quittant, un de nos cimeterres, et nous partagerons notre or avec vous. Auparavant, nous attendons de votre complaisance un grand service....

Clairancy leur expliqua alors comment nous nous étions égarés à la recherche de la femme de Martinet. Ce pauvre époux, qui avait plus de tendresse pour sa femme depuis qu'elle l'avait si généreusement suivi, et qui se mourait d'inquiétude de ne la point voir revenir, leur conta toute l'histoire de notre fuite, et finit par les prier d'envoyer quelques-uns d'entre eux à la rencontre de l'épouse égarée. Les gens de la caverne connaissaient parfaitement le bourg où elle était allée, aussi bien que le lieu où nous devions l'attendre, et tous les endroits les plus cachés du bois. Ils se détachèrent donc au nombre de douze, et s'enfoncèrent dans la forêt, en nous promettant d'être de retour dans une heure, et en nous priant de songer encore, pendant ce temps, à la prière qu'ils nous avaient faite. Deux autres, vêtus en paysans, s'en allèrent au bourg en question.

En les attendant, ceux qui restaient redoublèrent leurs instances, pour nous prier de demeurer avec eux, et nos refus obstinés parurent leur causer du chagrin. Nous nous informions en même temps de leur genre de vie ; nous reconnûmes encore qu'ils eussent été d'honnêtes gens, s'ils n'eussent pas volé sur les grands chemins. Edouard, tout étonné de leur modération et de leur sagesse, leur demanda quelle malheureuse idée les avait poussés à se faire brigands.—Que voulez-vous, répondit un jeune homme de la troupe, nous y sommes bien obligés!— Obligés! m'écriai-je? Eh! qui peut vous forcer à prendre le chemin de la potence? — Les lois du pays, répliqua-t-il. Nous sommes maudits comme vous, pour avoir méprisé des cérémonies ridicules; tout le monde a le droit de nous tuer. Nous n'avons, pour éviter la mort, que le moyen que nous avons pris.....

Nous devenions alors compagnons d'infortunes; nous cessâmes de nous étonner de l'intérêt que nous nous portions mutuellement. Nous témoignâmes de nouveau nos regrets de ne pouvoir rester dans la caverne. Quelques-uns de nos hôtes nous répondirent qu'ils sentaient nos raisons; qu'ils ne nous pressaient plus, et qu'ils nous offraient même leur appui pour sortir de l'île. Nous acceptions avec reconnaissance cette nouvelle preuve de générosité, quand ceux qui s'étaient répandus dans la forêt commencèrent à revenir. Ils s'étaient distribué les diverses parties du bois, et l'avaient parcouru aussi bien que possible; mais tous les douze revinrent sans avoir rien découvert. Le Manseau était dans des agitations difficiles à exprimer. Nous n'étions plus inquiets pour nous, puisque nous avions soupé; mais nous ne pouvions perdre sans douleur une compagne aimable et courageuse, outre que nous prenions part à la désolation de notre pauvre camarade. Les uns disaient qu'elle était sans doute retournée à la capitale, en nous croyant partis sans elle; les autres, qu'elle avait peut-être été la proie de quelque bête féroce. Le chef de la troupe nous dit qu'il n'était assurément rien de ces deux suppositions; d'abord, parce qu'il y avait peu de bêtes féroces dans les environs; ensuite, parce qu'étant maudite comme nous, pour nous avoir suivis, sa tête était en danger dans la capitale, si elle était reconnue, et qu'elle avait sans doute trop de bon sens pour s'être jetée dans les griffes de la mort. — Hélas! s'écria vivement Martinet, ce péril que vous me faites connaître, qu'elle a affronté sans que je le sache, elle l'a sans doute trouvé dans le bourg où nous l'avons laissé aller.... Les gens qui l'habitent l'ont peut-être reconnue..... Ma pauvre femme!....

A ces mots, il se mit à pleurer; quelques-uns des brigands s'attendrirent avec lui, et nous n'eûmes pas le courage de consoler une douleur peut-être fondée.

Toutes nos craintes se réalisèrent bientôt. Les deux hommes qui avaient été envoyés au bourg, revinrent enfin, une heure après l'aurore. Leur air consterné, leurs gestes furieux, la vitesse de leur course, tout nous annonça, du plus loin que nous les aperçûmes, un événement affreux, que nous aurions voulu cacher au malheureux Manseau. Mais il les avait vus avant nous ; il courut à leur rencontre, et leur demanda s'ils lui apportaient le désespoir..... Ces deux hommes ne lui répondirent que ces mots : — Du courage, et vous serez vengé !... Il connut alors son malheur, et poussa des sanglots déchirans. La manière pathétique dont il regrettait sa femme, nous prouva que si son esprit était bizarre, son cœur était fait pour aimer fortement. Cependant, nous voulions apprendre les découvertes des deux messagers. Aussitôt qu'ils furent au milieu de nous, le plus ardent prit la parole : — Tirez vos armes, nous dit-il, et marchons à la vengeance. Un meurtre affreux vient de se commettre ; il est temps de défendre notre propre cause. De vaines malédictions, qui indignent l'Eternel, conservent toujours leur crédit sur le vulgaire. La femme que nous cherchions a été reconnue hier dans le bourg où elle venait d'entrer. La populace, qui avait son signalement, a poussé contre elle le cri de la mort. Tous les bras de ces êtres vils, qui chargent la terre à deux pas de nous, se sont armés ; on a poursuivi votre malheureuse compagne ; elle a cru trouver un asile chez le gouverneur du bourg, elle y a trouvé la mort ; et l'enfant qu'elle portait, forcé de naître avant que son heure fût venue, a été percé de mille coups sur le cadavre sanglant de sa mère. Ce matin encore, la double victime est exposée sur la place publique, où chacun se fait un devoir d'y porter l'outrage et l'injure. Un seul homme, celui qui m'a raconté la catastrophe que je pleure avec vous, un seul homme n'a point pris part à ce meurtre exécrable. Il fuit le bourg où le crime s'est commis, parce que la vengeance va l'anéantir.....

Ce discours nous avait rendus muets d'horreur. Nous ne rompîmes le silence que pour parler de nous venger. Le Manseau ne pleura plus; il se jeta à deux genoux, et s'écria d'une voix forcenée : — Dieu des vengeances ! protége la plus juste des causes ! extermine cette horde qui t'outrage !...Nous étions tous furieux.

Les brigands, au nombre de quarante, s'étaient armés à la hâte. — Il ne faut pas délibérer plus longtemps, s'écria alors le vieux capitaine; marchons à la vengeance... Nous répétâmes tous ce cri de vengeance, et, au bout d'un quart d'heure, nous tombâmes comme la foudre au milieu du bourg criminel. La multitude était encore rassemblée sur la place publique, autour de la victime que ces barbares frappaient et injuriaient tour-à-tour. A cet horrible aspect, à la vue de notre compagne déchirée et sanglante, notre fureur ne connut plus de bornes. Tous tant que nous étions, nous nous précipitâmes comme des lions affamés sur cette vile populace; le carnage fut horrible;

la flamme ravagea en un clin-d'œil le bourg tout entier ; rien ne nous échappa, parce que tout nous semblait coupable...... Pendant que la maison du gouverneur était la proie de l'incendie, un de nos brigands prit le corps de la femme assassinée, et le jeta dans la flamme.— Regarde, dit-il en même temps au Manseau hors de lui-même, l'ombre de ton épouse est satisfaite. Voilà les funérailles dignes d'elle et de nous....

Quand le bourg fut remplacé par un désert de cendres, nous en sortîmes à grands pas. — On va sans doute nous poursuivre, dit alors le vieux capitaine ; la mer n'est pas loin ; fuyons. Nous marchâmes donc d'un seul trait au port voisin. Un grand vaisseau était en rade ; nous y montâmes à la hâte. Tous ceux qui s'y trouvaient furent jetés à la mer, et nous nous éloignâmes des côtes maintenant odieuses de Sanor.

Quand nous fûmes en pleine mer, le vieux capitaine nous demanda où nous voulions qu'on nous conduisît. —Au royaume d'Albur, lui répondit Clairancy.

Nous n'en étions éloignés que de quelques lieues ; nous y débarquâmes avant la fin du jour. — Pour nous, reprit un des brigands, nous ne pourrions vivre dans ce pays ; nous allons donc vous y laisser, et tout en regrettant de vous perdre, nous prendrons une autre route....

Nous voulûmes alors engager ces braves gens à partager les richesses que nous portions sur nous ; ils s'y refusèrent, ne voulant pas, disaient-ils, nous priver de choses qui nous seraient bientôt nécessaires. Ainsi, nous fûmes obligés de les quitter sans pouvoir leur témoigner notre reconnaissance. Le Manseau, plus adroit que nous, n'offrit rien; mais considérant que ces gens, obligés de fuir, avaient aussi bien que nous besoin d'argent, il laissa dans la salle à manger du vaisseau tout l'or et tous les bijoux que sa malheureuse femme lui avait apportés. Cette particularité qu'il nous apprit quand nous fûmes à terre et dès que nous eûmes perdu de vue le vaisseau, nous consola un peu ; nous remerciâmes ce bon compagnon, et nous cherchâmes à le distraire de sa douleur.

CHAPITRE XXV.

Retour à Silone. Départ pour la capitale d'Albur. Rencontre d'un lac.

La vengeance que nous venions d'exercer, loin de calmer la tristesse du Manseau, n'avait fait que l'inquiéter davantage. Les réflexions que le temps nous fit faire sur notre conduite à l'égard des Sanorliens criminels, nous amenèrent de longs remords. Notre vengeance avait été trop cruelle, et sans doute des innocens y avaient péri; d'ailleurs, les coupables même étaient des malheureux abrutis par la superstition, qu'il fallait éclairer et non exterminer, comme nous avions fait.

Cependant nous étions sur les terres alburiennes, à vingt lieues de Silone. Nous résolûmes de nous y rendre avant que notre fuite de Sanor y fût bien connue avec toute ses circonstances. Nous ne craignions plus d'être recherchés dans ce royaume, puisque nous n'étions plus sous le gouvernement Sanorlien, et que d'ailleurs le royaume d'Albur était un sûr asile pour les étrangers, parce que son immense population et la sagesse de ses lois le rendent redoutable à tous ses voisins, et aux Sanorliens eux-mêmes, qui ont bien à la vérité un grand avantage dans leur taille plus élevée, mais qui sont près de vingt fois moins nombreux que les Alburiens. — Nos plaisirs seront moins vifs ici, dit Edouard;

mais au moins nous vivrons sans terreur, et dans l'état le plus tranquille. Au surplus, pour diminuer nos ennuis, nous pourrons voyager dans toutes les contrées de ce globe, en prenant garde toutefois à nous conduire plus sagement que dans l'île d'où nous sommes heureusement sortis.

Après deux jours de marche à travers des campagnes charmantes et des bourgs multipliés, nous rentrâmes à Silone. Je ne dois pas oublier de dire que nos yeux, habitués dans Sanor à ne voir que des hommes de trois à quatre pieds, eurent quelque peine à se refaire à la taille des Alburiens. Quoi qu'il en soit, nous fûmes bien accueillis dans toute notre route, et quand nous reparûmes dans la maison de notre ancien patron, où nous nous attendions à une petite semonce, pour le tort que nous avions eu de manquer de parole au roi d'Albur, nous fûmes très-agréablement surpris de nous voir reçus par des cris de joie. Le patron, homme indulgent et plein de bonté, se contenta de nous faire quelques légers reproches sur la lenteur de notre retour; après quoi il nous conduisit à notre petit logement, où l'on nous apporta de suite à dîner. Il avait fallu nous remettre au maigre en rentrant dans Albur; mais nous étions tellement las de viandes, que la nourriture des Alburiens nous parut alors un régal. Le patron vint dîner avec nous, et il nous apprit que deux voitures royales nous attendaient depuis huit mois à Silone, pour nous conduire auprès du roi, qui brûlait d'impatience de nous voir. Clairancy répondit à cela que nous étions désolés d'avoir abusé si long-temps des bontés du prince et de son peuple ; que nous ne voulions pas lasser davantage sa patience, et que nous partirions le lendemain. Le patron parut approuver cette résolution ; et avant d'aller en avertir le gouverneur de la ville, il nous témoigna les regrets que lui avait causés la mort de Williams, qu'il n'avait apprise que la veille de notre retour. Après avoir donné tous des plaintes à cette perte, le patron nous quitta. Pendant qu'il se rendait chez le gouverneur, nous fîmes les préparatifs de notre voyage pour la capitale.

Nous étions à cinquante lieues de cette grande ville, et nous devions achever cette route en dix jours, dans les fastueuses voitures qu'on avait fait faire exprès pour nous. Comme nous n'avions qu'un beau pays à parcourir, nous regardions ce voyage comme une promenade agréable. Le lendemain matin, les deux voitures qui devaient nous conduire arrivèrent devant notre porte. Elle étaient traînées chacune par six éléphans du pays, (de la grosseur de nos veaux de six mois,) attelés deux à deux. La forme de ces voitures était allongée. Elles avaient chacune trois siéges, et nous n'étions plus que cinq depuis la mort du pauvre Williams...... Nous devions aussi être escortés par soixante soldats de la garde du roi, montés sur des éléphans noirs. La curiosité est de tous les pays; quand ces monstrueuses voitures se mirent en mouvement, avec un cortége si magnifique, il y eut une affluence de toute la ville pour nous voir partir.

Le patron nous avait toujours témoigné de l'intérêt, et il avait pris pour nous un véritable attachement. Cependant, il nous vit sans regret partir pour la capitale, parce qu'il savait, disait-il, que nous y serions mieux qu'à Sanor. Pour nous, maintenant dans le royaume d'Albur, nous souhaitions ardemment de voir la cour.

Après une heure de protestations de reconnaissance, nous donnâmes au patron le baiser d'adieu. Il nous avait promis avant notre départ pour Sanor, de nous donner le livre sacré de la religion d'Albur. Il nous tint alors sa promesse, et accompagna ce présent d'une bourse pleine d'or. Le gouverneur de Silone vint alors nous haranguer. Il nous témoigna le désir que le roi avait de nous connaître, et les regrets de la ville, où nous étions en assez bonne odeur. Mais personne n'eut à se plaindre de son discours, car il dura à peine quelques minutes; il parlait cependant devant des étrangers qui allaient voir le roi, et devant la moitié de la ville rassemblée.

Tandis que nous admirions cette grande sobriété de paroles, notre cortége se mit en marche, et on sortit de la ville avec une lenteur imposante. Une partie du peuple nous accompagna jusqu'aux portes. Là, notre bon patron et plusieurs autres citoyens avec lui, nous souhaitèrent un heureux voyage. Les éléphans prirent une marche plus agile, et nous entrâmes dans la campagne, pendant que les habitans rentraient dans la ville.

Les deux voitures étaient au milieu de la grande route, à côté l'une de l'autre, et nos soixante gardes, divisés en deux troupes, marchaient devant et derrière, pour obliger les voitures des particuliers à se détourner un peu devant nous. Les chemins étaient continuellement bordés de curieux du voisinage, qui voulaient voir passer notre cortége, comme on va voir la marche du bœuf gras en Europe.

Nous fîmes deux haltes le premier jour. On nous reçut bien partout, mais sans que nous causassions à personne la moindre frayeur, quoique tout le monde s'étonnât de nous voir si grands. Nous couchâmes dans une petite ville, où l'on avait dressé une tente au milieu de la place publique pour nous loger.

Nous n'avions fait que cinq lieues dans la journée; mais nous n'avions pas eu le temps de nous ennuyer, parce que nous jouissions du continuel spectacle de la foule des curieux. Les routes bordées d'arbres, les voitures de tout genre que nous rencontrions à chaque instant, les troupeaux de bœufs et de moutons qui paissaient dans les campagnes ; des prairies agréables, des villages en miniature, tout cela occupait assez notre esprit et nos yeux, pour prévenir la fatigue de l'ennui. On fit autant de chemin le lendemain et les jours suivans, que dans la première journée.

Nous ne trouvions rien de bien remarquable, que la beauté générale du pays et la simplicité des usages, qui nous fournissaient d'abondantes matières de conversation, et semblaient détourner un peu le Manseau de ses souvenirs douloureux.

Le sixième jour de notre voyage, nous arrivâmes au bord d'un étang qui baignait le pied de la grande route, partout élevée en chaussée. Ce lac immense, selon l'expression des Alburiens, avait bien six ou sept cents pieds d'étendue dans sa plus grande longueur. Il était environné de gazons frais et d'arbustes; l'eau en était extrêmement pure. A la vue de ce lac délicieux, le capitaine des gardes nous proposa d'y prendre un bain. Nous allions demander une station dans cet endroit, si on ne nous l'eût pas offerte. Le cortége s'arrêta donc; on donna aux éléphans la liberté de paître aux environs, et chacun se déshabilla à la hâte, pour entrer dans le lac. Les soixante gardes, aussi bien que les conducteurs de nos éléphans, furent prêts avant nous, et se mirent à nager assez légèrement. Nous fûmes bientôt en état de les imiter; l'eau était extrêmement douce, et chacun se réjouissait de s'y délasser. Mais ce lac, profond pour les gens du pays, l'était bien peu pour nous, puisqu'à vingt pas de la rive, nous n'avions pas de l'eau jusqu'aux reins.

Les petits hommes qui nous accompagnaient savaient tous nager ; mais quelques-uns, apparemment fanfarons, s'étant avancés trop loin dans le lac, sentaient leurs forces défaillir, et se voyaient en danger d'être noyés avant de regagner la rive. Nous les aperçûmes bientôt qui se débattaient au milieu du lac, en implorant faiblement notre secours. Chacun de nous y courut de son côté, et tous les imprudens, au nombre de dix-huit, échappèrent à une mort presque infaillible. Quoique nous n'eussions bravé aucun péril dans cette petite expédition, n'ayant été mouillés qu'à mi-corps, on ne laissa pas de nous remercier avec autant de reconnaissance que si nos jours eussent été exposés pour conserver ceux de nos amis.

Nous avions remarqué que cet étang fourmillait de poissons rouges et noirs ; nous voulions, s'il ne nous était pas permis d'en manger dans le royaume d'Albur, examiner au moins les habitans de l'onde, et les comparer à ceux de notre globe ; mais le capitaine des gardes nous observa que la journée s'avançait, et il nous pria de remonter en voiture.

On se remit donc en route ; et comme nous avions encore pour trois longues heures de marche avant d'arriver à notre gîte, je tirai le livre saint que m'avait donné le patron. Nous l'avions déjà tous lu plus d'une fois ; et si j'écrivais toutes les discussions qu'il éleva entre nous, j'en ferais un volume cent fois plus gros que le livre même. Comme il n'avait que douze feuillets fort petits, j'aime mieux en donner ici une traduction fidèle et simple ; on y verra toute la religion du pays d'Albur.

CHAPITRE XXVI.

Livre sacré des Alburiens.

Dieu (*) a précédé le temps, et le temps s'éteint devant lui. Il est éternel.

Tout dans ce monde nous annonce sa puissance, sa justice, sa grandeur, et sur-tout sa clémence infinie. Il est le père de la nature; toute la nature le bénit et l'adore.

Des peuples ignorans, des mortels féroces, ont fait du Dieu de bonté un roi terrible. Le despotisme et la tyrannie ne se logent que dans des cœurs lâches et timides. La puissance

---

(*) L'original porte partout O, ou le grand O.

de Dieu est sans bornes. Quels ennemis a-t-il à craindre? et pourquoi serait-il le tyran du monde? Il en est le seul maître; il a tout animé par un seul désir; il peut également tout éteindre.....

Il ne demande point qu'on le craigne; pour prix de ses bienfaits sans nombre, il ne veut de ses enfans que leur amour et la douce reconnaissance. Un tyran mortel ne se plaît à voir tout trembler devant lui, que parce qu'il tremble lui-même devant la mort, toujours prête à le frapper.

Si Dieu avait un ennemi, la puissance universelle serait partagée, et il ne serait plus Dieu. Son ennemi sèmerait le mal pendant qu'il répand les bienfaits, et la terre serait désolée...

Quelques-uns ont regardé la foudre, les inondations, la stérilité de la terre et les autres fléaux de la nature, comme des marques terribles du courroux divin. Si le grand Dieu s'irritait contre les hommes qui sont si faibles, il chercherait un culte de crainte, et non un culte d'amour. Ses enfans deviendraient de tremblans esclaves; il apprendrait aux rois à tyranniser les peuples; il ne serait plus Dieu, puisqu'il aurait les vaines passions des hommes.

On doit donc regarder la foudre, les inondations, la stérilité, les pluies de pierres et les autres fléaux, comme des choses naturelles. Les ouvrages de Dieu sont parfaits, si on les compare aux ouvrages et aux besoins des hommes; mais combien ils sont imparfaits, si on les compare à Dieu.

Le corps humain est sujet à mille maux, aux infirmités sans nombre, à la décrépitude. La nature est plus durable, mais elle a aussi ses maladies et ses remèdes. Si elle était constamment la même, constamment douce, également forte dans tous les temps, en un mot, si elle était parfaite, elle serait Dieu même...

La nature n'est point éternelle, puisqu'elle est l'ouvrage de Dieu. Il l'a créée dans des temps éloignés ; l'époque nous en est inconnue. Nous savons seulement qu'en formant cette terre féconde, et en la peuplant de tous les animaux qu'elle nourrit, il fit d'abord les hommes en petit nombre, pour leur apprendre dans la suite qu'ils devaient tous se regarder comme des frères....

Tandis que les autres ouvrages de Dieu lui rendent un culte muet, l'homme, son plus noble ouvrage, doit lui rendre un culte animé. Le ciel, la terre, les plantes, enfin toute la nature n'a reçu qu'une existence matérielle et impassible ; l'homme reçoit, avec la vie, la jouissance de tout ce qui l'entoure. Les actions de l'homme ne sont point serviles et obligées, comme le mouvement de la terre et la végétation des plantes. Il n'est point soumis invinciblement à ses passions, comme les bêtes ; tout en lui annonce un être libre.

Dieu, en le formant, lui donna un corps matériel, plus parfait à la vérité que celui des animaux, mais également soumis aux dégradations, aux accidens, aux besoins et à la mort. Ensuite, au lieu de l'animer d'un instinct machinal, propre seulement à prévoir les périls, à sentir les besoins et les passions, il l'anima d'un souffle immortel ; il lui donna la pensée, que quelques-uns ont appelée l'âme.

L'animal fait son repas du jour sans songer à celui du lendemain. Il ne jouit que du présent ; il ne connaît point la mort, et ne calcule point la durée de sa vie. Il ne fuit le danger que parce qu'il craint des maux qu'il a déjà soufferts. Il meurt jeune, sans savoir qu'il va mourir, sans s'étonner d'expirer sitôt. Tel serait l'homme, s'il n'avait point d'âme.

Mais l'homme prévoit ses besoins avant de les sentir ; il compare les biens avec les maux ; il sait le prix de la vie ; il gouverne ses passions ; il connaît son Dieu ; il le bénit, il l'adore, et dans son cœur et dans sa bouche. Il a fait des lois sages ; il vit en société ; il parle, et il communique à tous les hommes sa pensée.

Cette pensée qui est l'âme, qui ne vieillit point avec le corps, que le temps ne peut altérer, qui s'élève jusqu'à Dieu, ne doit point partager le triste sort de son enveloppe matérielle. Cette âme, qui distingue l'homme des autres animaux, ne périra point avec le corps où elle fut emprisonnée. Elle est immortelle. Quand la mort brise sa prison, elle s'échappe, et reçoit le prix de ses vertus, ou le prix de ses crimes.

En créant nos âmes, Dieu aurait pu les combler immédiatement d'un bonheur sans mélange ; mais l'âme n'aurait point senti ce bienfait ; elle l'eût regardé comme son essence, et ç'eût été une récompense sans mérite. Il l'assujettit donc à un corps grossier, et l'enferma dans une masse de matière, comme dans un lieu d'épreuve, pendant un court espace. Il lui donna un penchant égal pour la vertu et pour le vice, et lui permit de choisir à son gré....

Il y eut des hommes qui aimèrent mieux leur corps que leur âme ; ils se livrèrent à toutes leurs passions, et trouvèrent le chemin de la vertu trop difficile. Ainsi ils s'éloignaient de Dieu pour se rapprocher de l'animal.

Il y eut d'autres hommes qui aimèrent mieux leur âme que leur corps ; ils trouvèrent que le chemin du vice est semé de remords, et que les plaisirs criminels sont amers. Ils surent modérer leurs passions, et ils se rapprochèrent de Dieu.

Les premiers voulurent s'excuser, en disant qu'ils étaient vicieux par une destinée invinciblement inhérente à leur nature ; qu'ils ne pouvaient s'empêcher de l'être ; que Dieu les avait faits de la sorte, et qu'il serait injuste de les punir.

Les autres disaient que l'homme peut faire le bien comme le mal, et que l'âme, supérieure aux grossières passions du corps, doit conserver son empire sur la matière ; et ceux-là étaient justes. Ils adoraient le grand

Dieu, faisaient du bien à leurs frères, oubliaient les injures, et n'oubliaient point les bienfaits. Ils chérissaient leur patrie et leurs parens ; en un mot, ils faisaient le bien pour lui-même, et gagnaient les récompenses divines sans croire qu'ils les méritaient.

De ces dignes enfans de Dieu, il en est encore sur la terre ; mais le nombre de ceux qui se trompent est toujours le plus grand. Cependant, le culte du grand Dieu, et les préceptes de la justice sont gravés dans tous les cœurs.

(Après les sentences qu'on a lues sur les pyramides, le livre sacré se termine par ces mots :)

Bénis donc ce grand Dieu, sans

qui tu serais dans le néant, aussi bien que toute la nature.

Rends le bien pour le bien; rends-le aussi pour le mal.

Sois vertueux, et compte sur les récompenses éternelles.

CHAPITRE XXVII.

La capitale. Le roi d'Albur. Académie. Mœurs alburiennes.

Enfin, le dixième jour au soir, nous arrivâmes à la capitale d'Albur. Nous avions traversé plusieurs grandes villes ; mais quoique belles et bien peuplées, elles nous arrêtaient peu, parce qu'elles étaient trop régulières.

J'ai remarqué qu'un pays bien policé, peuplé de gens vertueux, cultivé avec soin, et bâti avec un goût symétrique, offre moins d'intérêt qu'un pays à demi barbare. Outre que l'on se trouve humilié de rencontrer des hommes meilleurs que soi-même, on se lasse de ne point trouver assez de variété; et je crois qu'un pays où tout serait bien, ne pourrait être qu'un pays fort ennuyeux.

Le roi Sora vint au-devant de nous jusqu'à la porte de la ville. Ce prince avait des gardes en assez grand nombre; mais ils n'étaient point armés autour du monarque, et servaient plutôt à annoncer sa présence qu'à défendre sa personne.

Nous mîmes pied à terre, pour aller saluer le roi; il était monté sur un cheval extrêmement vif. L'animal ne nous eut pas plutôt aperçus, qu'il commença à s'effrayer; et après plusieurs caracoles, il prit son élan, et rebroussa chemin à travers le peuple, pour rentrer dans la ville. Les Alburiens effrayés, se rangeaient devant le cheval, sans oser l'arrêter à la bride, et il allait probablement arriver quelque malheur au prince, lorsque Édouard, se souvenant de l'agilité de ses jambes, courut sur le cheval du roi, le joignit bientôt, et l'arrêta de vive force. Le peuple charmé, proclama notre compagnon le sauveur du monarque; et comme c'est l'usage dans ce pays d'ennoblir ceux qui ont protégé dans quelque péril les jours du roi, le chancelier du royaume, qui se trouvait là, retourna au palais, où il expédia des lettres de noblesse pour Édouard. Celui-ci les reçut le soir même, avec une médaille ronde qu'on lui passa au cou, et qui portait d'un côté l'effigie du roi Brontès, et de l'autre le récit en peu de mots de son service éminent. Cette distinction ne lui donna pas plus de fierté.

Le prince Sora s'exprimait avec beaucoup de grâce et de facilité. Quand nous l'eûmes salué avec respect, et qu'il nous eut fait ses complimens et ses reproches sur notre lenteur à le venir voir, Clairancy lui demanda, en entrant dans la ville, pourquoi ses gardes marchaient autour de lui désarmés, et s'il ne craignait point quelque trahison. — Je n'en ai point à craindre, répondit-il; le titre de Roi n'est pas fort envié dans ce pays; car celui qui gouverne n'est pas le plus heureux des Alburiens. Il est seulement le point de ralliement de toute la nation; il empêche les ministres ambitieux de tyranniser le peuple, comme cela se voit dans les républiques. Il est le représentant de la patrie ; mais on le charge de toutes les fautes qui se commettent sous son gouvernement; et le trône ne lui donne point de gloire, s'il n'en a point méritée. Mes frères et tous ceux de ma famille n'ont aucun intérêt à rechercher la couronne ; elle ne les rendrait ni plus puissans, ni plus aimés. On peut gagner ici l'amour du peuple dans tous les postes. Les bienfaits, les sages exemples, la justice, sont, pour les magistrats, les sénateurs et les ministres, des moyens de se faire aimer. Un roi doit faire plus : il faut qu'il rende tout son peuple heureux; qu'il soit juste envers le plus petit comme envers le plus élevé; qu'il serve de modèle à tous ses sujets ; qu'ils fasse des lois sages, s'il veut qu'on le chérisse, et qu'on ne l'enterre pas honteusement après sa mort.

La royauté n'est pas non plus un titre dans l'histoire. Le moindre particulier qui fait une belle action, est consigné dans les mémoires de son temps; un roi qui ne fait pas le bien tous les jours de sa vie, meurt souvent en emportant dans la tombe toute la gloire qu'il espérait. Il y a déjà eu deux cent quatre-vingts rois qui ont régné sur les Alburiens, et les deux tiers de ces monarques ne sont plus connus que par leurs noms, tandis que leurs généraux et les grands hommes de leur temps, jouissent d'une gloire immortelle.

Les princes médiocres avaient encore l'espoir de vivre dans la postérité, par les ouvrages des bons poëtes, qui leur vendaient de magnifiques éloges. Mais le sage Brontès, mon père, porta une loi qui défend de louer les rois pendant qu'ils vivent, et qui proscrit la coutume d'élever des monumens au prince tandis qu'il est sur le trône. Bien plus, les monnaies ne sont point frappées à l'effigie du prince régnant, mais à celle du dernier roi, si toutefois il en est digne. Ainsi, les médailles et les pièces d'argent qu'on fait sous mon règne, portent les traits de Brontès; et si dix rois indignes lui succèdent, pendant ces dix règnes les médailles et les monnaies porteront la même figure, avec une légende au-dessous, qui annoncera seulement l'année. Cette loi, si favorable et si chère aux peuples, force désormais les rois à être justes, bons et laborieux.

Nous étions entrés dans la capitale qui porte le nom d'Orasulla. Nous avancions si lentement, que nous arrivâmes au palais bien avant dans la nuit. On nous avait bâti une maison vaste et commode, où nous trouvâmes tous les ameublemens nécessaires, et des portes qui pouvaient du moins nous laisser passer sans nous obliger à baisser la tête. Le roi vint nous y voir plusieurs jours de suite, pour s'entretenir avec nous des coutumes de notre monde. Il en tira peu de fruit, parce qu'en effet ses lois étaient plus sages que les nôtres ; mais comme on avait cru jusqu'alors dans le petit globe, que le ciel d'où nous descendions n'était point habité, il nous témoigna le désir de faire écrire notre histoire, et tout ce que nous savions de notre monde, pour en instruire les Albu-riens. Le Manseau offrit au roi ses services, qui furent acceptés, et il rédigea, en moins de six mois, un énorme volume, qui fut mis en bon langage du pays par un historiographe titré, et qui se publia en quatre tomes *in-folio*, de cinq à six pouces de hauteur. —Si je n'ai pas de gloire dans mon pays, disait le Manseau en façonnant son chef-d'œuvre, j'en aurai du moins ici, et le roi Sora me devra une partie de la sienne.... Nous étions contens de voir ce pauvre homme occupé, parce qu'il devenait alors moins triste.

Cependant, nous allions visiter les monumens et les lieux remarquables de la capitale. Cette grande ville était à peu près ronde, comme toutes les villes alburiennes. Elle avait près d'une lieue d'étendue ; dix places publiques, toutes décorées d'une pyramide de cinquante pieds ; deux cents rues, et plus d'un million d'habitans. Toutes les maisons étaient alignées, et bâties comme celles que nous avons décrites en arrivant ; mais il y avait plusieurs palais magnifiques.

Un mois après notre arrivée, nous allâmes visiter le palais de l'académie. C'était un bel édifice, où tous les académiciens étaient logés et nourris aux dépens de l'état. Les bâtimens avancés contenaient la bibliothèque et la salle des séances; les différens logemens des académiciens occupaient l'enceinte d'une grande cour plantée d'arbres. Nous fîmes la visite de toutes ces constructions, qui étaient assez élevées pour que nous pussions y pénétrer sans trop de peine. Nous demandâmes à celui qui nous conduisait combien cette académie avait de membres. — Elle en a douze, nous répondit-il, qui sont chargés de soigner la langue, et d'examiner les nouveaux mots qu'on y veut introduire. — Douze seulement, s'écria Clairancy! et chez nous on se plaint de n'en avoir que quarante. — Eh bien! reprit notre guide, nons nous plaignons ici d'en avoir trop ; et nous serions bien heureux que nos douze académiciens fussent tous dignes de l'être... Ces mots nous rappelèrent le mot de Socrate : (Ma maison est bien petite, mais je la trouverais assez grande, si je pouvais la remplir de vrais amis.)

Tristan demanda ensuite s'il y avait dans le royaume une académie d'antiquaires. — Il y a long-temps que nous n'en avons plus besoin, répondit l'Alburien ; depuis plus de six mille ans nous sommes sûrs qu'on écrit notre histoire, et nous nous occupons peu de ce qui a précédé cette époque. — Mais, continuai-je, vous devez chercher à connaître les anciens monumens des peuples moins policés ; leurs médailles, leurs vieilles monnaies, etc. — Nous songeons bien plutôt, répondit notre guide, à nous informer de leurs mœurs, de leurs coutumes, de leurs vertus et de leurs vices. Nous aimons mieux trouver une loi sage qu'un vieux vase de terre fêlé, et nous sommes plus curieux de savoir si nos ancêtres et nos voisins sont plus justes que nous, que d'apprendre la figure de leurs plats, la forme de leur chaussure, et la distribution de leur dîner.

Quant aux historiens, nous en avons cinquante bien titrés. Ils s'occupent tous ensemble d'écrire dans l'année courante, l'histoire de l'année qui vient de s'écouler. Ces cinquante ouvrages sont livrés au sénat, sous l'anonyme; l'académie en fait la lecture devant les sénateurs ; on choisit les deux plus simples et plus véridiques de ces mémoires, et on brûle les quarante-huit autres, tandis qu'on imprime les deux chefs-d'œuvres, et qu'on les dépose dans toutes les bibliothèques publiques. — Sans doute que les particuliers n'en sont pas privés ? — Non, si les particuliers les achètent. — Mais, reprit Clairancy, cette barbarie de brûler quarante-huit ouvrages doit désoler quarante-huit auteurs. — Non pas ; d'abord ils sont tous bien pensionnés par l'état, qui les occupe. Ensuite, ils apprennent à être désormais plus vrais et plus simples. Enfin, ils peuvent faire imprimer leurs livres, s'ils en ont conservé copie, comme cela se fait ; mais ils sont obligés de les intituler *Mémoires de telle année...... brûlés pour les exagérations et les mensonges, par ordre du sénat Alburien ;* au lieu que les autres ont le titre d'*Histoire adoptée par l'état.*

Nous sommes encore un peu inondés de romans, de poésies, et de divers ouvrages d'agrémens ; mais avant de paraître, ils sont examinés par l'académie, qui en fait ôter les fautes de langage, et tout ce qui pourrait altérer le culte dû au grand Dieu, l'amour de la patrie, le respect des mœurs.

Là-dessus nous vîmes les académiciens sortir de leur grande salle de réunion. Ils avaient, pour la plupart, la physionomie spirituelle et modeste. On nous dit qu'en général ces hommes distingués n'avaient ni fatuité, ni morgue, ni présomption, ni insolence ; ce qui nous surprit extrêmement, puisqu'ils étaient académiciens.

Le lendemain matin, le prince Sora vint nous voir. La conversation tomba insensiblement sur l'amour et le mariage. Clairancy demanda au roi si les unions étaient heureuses dans le royaume d'Albur.—Autant qu'elles peuvent l'être, répondit le prince ; du moins est-ce un prodige quand on voit un mari donner une chiquenaude à sa femme, ou une femme régaler son mari d'un coup de poing. La cause en est bien simple : on ne force point les inclinations ; un jeune homme et une jeune fille se conviennent mutuellement, ils s'épousent sans que personne ait le droit de les gêner. — Et l'autorité des parens, répliqua le Manseau ? — L'autorité des parens ne s'étend pas ici jusqu'à rendre les enfans malheureux. Lorsque deux amans veulent s'épouser, ils préviennent leur famille huit jours d'avance. Si le jeune homme a une réputation flétrie, s'il s'est souillé de quelque crime, le père de la jeune fille peut empêcher le mariage. Pareillement, si l'amante a de grands vices, les parens du garçon s'opposent à un choix indigne; mais la fortune est comptée pour rien, aussi bien que les caprices et les haines de famille. Dans la suite, si les époux s'accordent mal, le divorce leur est ouvert; il prévient tous les malheurs d'une mauvaise union. — Le divorce,

répliqua Edouard, et les enfans?
— Le père se charge des garçons; la mère prend soin des filles. Vous trouvez peut-être ce moyen un peu grave par les conséquences qu'il peut avoir ; mais songez que, dans les pays où le divorce n'est point permis, on compte des milliers de maris trompés, une foule d'épouses malheureuses ou délaissées; et que, sous un gouvernement paternel, tous les liens doivent se briser quand ils deviennent trop pesans.—Vous parlez des maris trompés, comme s'ils étaient chez vous exempts de cette destinée; toutes vos femmes seraient-elles fidèles ? — Je sais, reprit en riant le prince Sora, qu'il y a des pays où la fidélité conjugale est un phénomène. Eh bien! ici l'infidélité

est une monstruosité si rare, que nous avons peine à croire ce qu'on nous conte des mariages de nos voisins. — Et comment pouvez-vous vous flatter d'une prérogative qui serait unique dans ce monde-ci et dans le nôtre? — Et comment voulez-vous, répondit le roi, qu'une femme trompe son mari, ou qu'un mari trahisse sa femme, quand leur union a été libre, quand rien ne les oblige à vivre ensemble, quand ils peuvent se séparer à l'instant sans obstacle, sans honte, sans empêchement quelconque? — Cependant, s'il se trouve par hasard qu'une femme trahisse sa foi, quel châtiment lui inflige-t-on? — On la condamne à passer le reste de ses jours dans une maison de courtisannes publiques. — La punition est singulière! — Elle est terrible. Les courtisannes sont ici renfermées perpétuellement. Il leur est défendu de se montrer dans les rues ; elles pourraient accoster une femme honnête, et la pudeur de celle-ci serait offensée. Les jeunes gens qui aiment ces sortes de femmes, peuvent les aller trouver dans les maisons qu'elles habitent.—Sont-elles en grand nombre? — Elles seraient peu nombreuses, si elles ne se composaient que des femmes déshonorées ; il y en a d'autres qui exercent librement ce métier ; celles-là sont moins resserrées ; elles peuvent se promener pour leur santé hors de la ville ; mais leur costume les fait reconnaître, et personne ne leur parle hors de chez elles. Les autres ne respirent l'air que dans leur jardin. — Tout ce que vous venez de nous dire, ajoutai-je, me fait croire que les courtisannes sont chez vous en mauvaise odeur, et que vous n'en avez point eu de célèbres? — Quelques-unes se sont fait remarquer par leur beauté, leur esprit, et quelques qualités louables ; mais leur conduite les a ternies, et leur mémoire est morte. — Il y a des pays où l'on pense différemment, reprit Edouard. J'ai même connu des personnes qui ne voyaient que de l'originalité dans les mœurs des courtisannes ; et bien des honnêtes gens placent sur leur cheminée les Aspasie, les Phriné, les Ninon, à côté des femmes illustres par leurs vertus, leur esprit, et des actions vraiment nobles. — Ici, reprit le roi, on frappe des médailles, on grave des portraits, on élève des statues aux hommes et aux femmes célèbres ; mais nos artistes n'ont pas encore eu l'idée de consacrer la mémoire de ces êtres que l'humanité ne reconnaît qu'en gémissant. — Et quelle opinion avez-vous d'une fille qui a une faiblesse amoureuse ? — La même que d'une femme qui a un enfant avec son mari. L'amour et le mariage ne sont qu'une même chose pour nous, et une fille qui devient mère est épouse de droit.

— Or ça, interrompit Tristan, comment punit-on ici les enfans qui tuent leur père ou leur mère ? — Que dites-vous, s'écria le roi en frissonnant ?... Auriez-vous vécu dans un pays assez malheureux pour porter de pareils monstres ? — Le vôtre en serait-il exempt, demanda Clairancy? — Oui, grâce au grand Dieu, répondit le prince; nous n'en avons point encore eu à punir, et nos lois ne contiennent rien contre un crime aussi *surnaturel*. Je crois même qu'on n'en trouverait nulle part, si l'on examinait bien la chose. Les parricides sont ordinairement le fruit de l'infidélité des femmes; et les enfans qui tuent leur père, ne sont que des enfans de l'adultère, ou des enfans changés en nourrice; voilà pourquoi nous ajoutons tant de prix à la foi conjugale; et toutes les fois que nous avons eu à juger un malheureux accusé d'avoir tué son père, nous avons fini par découvrir qu'il n'avait tué que son père putatif. — Mais ceux qui tuent leur mère ?.... — Ils ont été changés en nourrice. Du moins nous l'avons toujours découvert ainsi. — Et quelle est leur peine ? — Celle de tous les homicides. On les enferme neuf jours avec leurs victimes. S'ils vivent après ce temps d'expiation, ils sont supprimés à jamais de la liste des citoyens, chargés de l'opprobre public, dont ils portent sur le front une marque ineffaçable, gravée avec un cuivre brûlant, et condamnés à travailler aux mines. — Avez-vous des duels, demanda encore le Manseau ? — Quelquefois, répondit le prince. — Sans doute vous les punissez ? — Non, certainement. — Quoi ! vos lois autorisent l'homicide et le meurtre ?... — Que parlez-vous d'homicide, dit le prince étonné ? Vos duels seraient-ils sanglans ?.... Ici, quand deux rivaux de gloire ou de mérite quelconque se disputent l'excellence, ils ne combattent que de générosité. Par exemple, un homme qui veut prouver la noblesse de son âme, s'épuise en largesses, et se ruine en aumônes; un autre qui veut prouver son courage, emporte un étendard, si nous sommes en guerre, et tue quelques bêtes féroces, quand nous sommes en paix. — Enfin, demanda Clairancy, soyez assez bon pour nous dire encore quels moyens vous employez contre le suicide ? — Nous ne le reconnaissons point, répondit le prince. Outre que cet excès de démence est rare ici, quand une pareille monstruosité a eu lieu, nous l'attribuons à un accident inconnu, ou à la perte de la raison, parce qu'il n'est pas dans les choses possibles qu'un homme anéantisse de sang-froid un ouvrage de Dieu, quand son âme va paraître devant son juge. Nous croyons cependant intérieurement que Dieu pardonne au malheureux que le désespoir égare, et nous lui pardonnons de même. Mais nous nous gardons bien de prononcer hautement qu'il y a eu un suicide, et nos papiers publics ont trop de sens pour l'annoncer. Ce mot sonne mal aux oreilles de l'homme faible; et tel s'est tué, peut-être, parce qu'il sait que d'autres l'ont déjà fait.

CHAPITRE XXVIII.

Monumens alburiens. Leurs inscriptions. Transgression des lois du pays.

Quelques semaines après, nous allâmes visiter le musée public. C'était un grand édifice composé de quatre corps-de-logis qui entouraient un vaste jardin, et formaient un carré-long. Toutes les richesses et tous les chefs-d'œuvres des beaux-arts s'y trouvaient rassemblés.

Dans le premier bâtiment, on admirait les merveilles de la sculpture. Le marbre, l'airain, l'or, l'argent y brillaient de toutes parts, et bien souvent le travail surpassait cent fois la matière. Nous n'apercevions point de fer, parce que, comme je crois l'avoir déjà dit, ce globe n'en produit point. La seconde galerie contenait les beaux ouvrages de peinture. Nous y vîmes une série de cent vingt tableaux sur l'agriculture, si petits et si légers, que l'un de nous aurait pu les tenir tous dans une de ses mains.

Le bâtiment du fond était destiné aux médailles, où l'on voyait gravées toutes les époques, toutes les belles actions, tous les souvenirs de la nation Alburienne.

L'autre galerie était le dépôt de toutes les inventions, de toutes les découvertes heureuses; elle renfermait aussi plusieurs modèles des anciens costumes et des anciennes armures.

Dans le jardin, qui était planté d'arbustes verts et admirablement disposés, se trouvaient réunis les monumens de la reconnaissance du peuple. Les bons rois, à qui des statues étaient élevées dans différentes villes, sur les ponts qu'ils avaient fait bâtir, et sur les places publiques, avaient encore leur place dans le jardin du musée. Les grands hommes dont on rencontrait les statues ou les bustes dans plusieurs endroits de la capitale, étaient aussi tous ensemble auprès des rois. Ce jardin, tous les jours ouvert, était pour le peuple une histoire de la nation. Les rois étaient rangés à la file par ordre chronologique ; leur nom se lisait au bas de leur statue, avec l'époque de leur règne et le sommaire de leur vie. La même chose avait été observée pour les généraux, pour les sages, pour les grands ministres, pour les magistrats illustres, pour les poëtes célèbres, pour les écrivains distingués en tout genre. Nous trouvâmes cette belle et sage disposition plus convenable que le désordre des musées européens. Sur une petite colline, se voyaient les inventeurs fameux ; là, nous trouvâmes avec plaisir des statues érigées à ceux qui avaient découvert l'imprimerie, et nous nous rappelâmes avec honte que cet honneur n'avait point encore été rendu chez nous aux inventeurs de cet art immortel. A peine même daignons-nous prononcer quelquefois leurs noms....

Tous les titres, toutes les inscriptions étaient en langue vulgaire du pays. Le Manseau s'en étonna. — Il faut que ce peuple n'ait pas comme nous une langue ancienne, puisqu'il se sert ici de l'idiome populaire, nous dit-il ; et en même temps il s'adressa à un Alburien, pour lui demander quelle éducation on donnait dans les colléges d'Albur. — Jusqu'à douze ans, répondit l'Alburien, nos enfans apprennent à nager, à courir, à danser, à se défendre contre les bêtes féroces, à grimper sur les arbres. On leur enseigne en même temps un métier domestique, tel qu'ils le choisissent, et en un mot, toutes les choses qui peuvent leur donner des forces, avec les moyens de gagner leur vie par le travail des mains, s'ils y sont jamais obligés. (Vous entendez que je vous parle des riches; les pauvres apprennent à lire dans les écoles publiques; après cela, leurs parens en font ce qu'ils veulent). Quand l'âge de douze ans est venu, les enfans prennent les livres, le crayon et la plume, et on les instruit des beautés de leur langue, en même temps qu'ils se forment au dessin et à l'écriture; puis on leur fait apprendre quelque bonne langue morte, mais particulièrement l'ancien langage *nate*, d'où s'est formée la langue alburienne; cela cependant, sans cesser l'étude de l'idiome maternel, qui doit précéder, accompagner et suivre toute autre étude. A quinze ans, on leur parle de Dieu, et on leur donne le livre sacré. On les nourrit ensuite des ouvrages moraux ; on leur apprend l'histoire et la géographie. A dix-huit ans, le collége leur est fermé, et ils font le reste seuls. Cette éducation est pour les femmes qui ont de la fortune, comme pour les hommes, à l'exception que les femmes n'apprennent point de langue morte. — Cette langue nate, dont vous parlez, est-elle belle, demanda Clairancy ? — Admirable, riche, féconde, harmonieuse, aussi belle que la langue alburienne. Quelques savans la parlent encore entre eux, et en font usage dans leurs discours ; mais il est défendu de l'imprimer. — Quoi !... et les bons ouvrages ?... — Oh ! les bons ouvrages des anciens Nates s'impriment tous les jours, et sont entre les mains de tous ceux qui les entendent; mais il y a quatre mille ans que le peuple ne parle plus comme eux ; ceux qui voudraient aujourd'hui écrire en cette langue, ne feraient que de barbares rapsodies : pourquoi voulez-vous qu'on imprime des fatras, quand on a des chefs-d'œuvres? Où serait d'ailleurs la dignité nationale, continua l'Alburien, si nos savans, possédant, de l'aveu de tous les peuples, la plus belle langue du globe, abandonnaient indignement leur mère, pour caresser un fantôme de quatre mille ans, qu'ils ne voient qu'à travers un nuage. Ce ne serait plus un Alburien qui écrirait, ce serait un homme sans patrie. — Cependant, reprit le Manseau, une langue savante en impose davantage ; c'est plus sublime, plus concis, plus respectable....— Ne dites pas qu'une langue morte est sublime dans la bouche de gens qui ne l'ont apprise qu'avec des livres, répondit le petit homme. Si un ancien Naté revenait sur la terre, et qu'il trouvât ici une belle inscription, (belle à notre avis, s'entend,) faite par un Alburien, il pourrait bien juger ridicule et trivial ce qui nous aurait paru sublime. Quant à la concision, elle est dans toutes les langues, lorsqu'on la cherche avec soin ; et tout ce qui tient à la patrie est respectable. Une inscription n'est pas mise au pied d'un monument pour la partie savante de la nation, qui n'en a pas besoin ; mais pour la nation entière, pour le peuple, pour les étrangers. Or, je vous le demande, que dira le peuple, s'il passe devant un monument, et que, cherchant à le connaître, il n'y trouve que des mots inintelligible? Que diront les étrangers, en voyant une langue morte occuper les droits de la langue vivante? Ils penseront que les Alburiens ont un patois et non une langue, puisqu'ils en rougissent. Et que dira la postérité, en trouvant ici une langue plus vieille de quatre mille ans que l'époque où on l'emploie? La postérité dira qu'elle ne sait plus quelle langue on parlait dans Albur....

Il y a encore des pays sur ce globe où cet usage barbare d'employer un idiome étranger subsiste toujours; mais il y est maintenu par les savans, qui parlent fort mal leur langue maternelle, et qui aiment mieux recourir à un galimathias inconnu de la multitude, que de trahir leur ignorance et leur mauvais goût. Chez nous, si les savans écrivaient en langue nate, on les tournerait en ridicule, comme de pauvres ânes qui ne sauraient pas l'alburien, puisque cette langue est là, qui peut aussi bien exprimer leurs idées. Nous avons aussi des voisins qui prient le grand Dieu en langage passé de mode. On serait mal reçu à nous proposer un pareil usage; nous voulons savoir comment nous parlons à Dieu, ce que nous lui demandons; et le peuple croirait qu'on insulte à la divinité, si les prêtres lui adressaient un baragouin étranger. Vous conviendrez qu'il serait dans ses droits. Mais, je vous demande pardon......

En ce moment, le petit homme aperçut une dame à qui il alla parler, et nous sortîmes des jardins du musée, plus étonnés de jour en jour de la grande sagesse de ce peuple.

Une seule chose nous déplaisait dans ses usages, c'était l'abstinence universelle des viandes. Nous nous portions tous à merveille; nous nous trouvions fort bien du régime que nous faisions dans ce pays; mais si nous nous étions impatientés pendant notre premier séjour dans le royaume d'Albur, le même désir de faire gras nous vint tracasser de nouveau, six mois après notre arrivée dans la capitale. Nous avions eu le temps d'oublier la chair d'ours; cependant, si nous en avions eu un jambon, c'eût été pour nous un grand régal. — Qu'on ne mange pas le chien, parce que c'est l'ami de l'homme, je conçois cela, disait Tristan, et c'est de tous les pays. Qu'on s'abstienne ici de ces grands lézards, connus sous le nom de *lossines,* je l'excuse encore, puisque c'est un animal utile. Qu'on respecte le cheval, l'âne, le mulet, l'éléphant, qui nous rendent de bons services, je le passe également; mais pourquoi respecter le cochon, qui n'est bon qu'à être mangé. — Je pardonnerais aussi, ajouta Edouard, qu'on ne mangeât point le chat, qui a quelque utilité ; le bœuf, qui laboure nos terres ; le mouton, qui nous donne sa laine ; la chèvre, qui fournit son lait ; les poules, qui nous apportent leurs œufs ; mais le porc, le lièvre, le lapin, le dindon, pourquoi les épargner? — Je ne me fâcherais pas même, continua Clairancy, si l'on ménageait encore le lièvre, le chevreuil, la biche, la perdrix, et tous ces êtres innocens, qui ne devraient tomber que sous la griffe des bêtes féroces ; mais je voudrais manger le porc, le dindon, et sur-tout le sanglier et toutes les bêtes carnassières, qui n'auraient pas à se plaindre de la loi du talion, et qui ne subiraient que le sort qu'elles font subir à tant d'autres petits animaux.

Ces propos, que nous répétions fréquemment, nous amenèrent bientôt au désir immodéré de retourner à la viande, malgré toutes les lois du pays où nous habitions. — Allons demain à la chasse, s'écria le Manseau ; nous prendrons à la course quelque bon gibier, et nous ferons d'abord un régal... La résolution fut bientôt prise ; nous nous mîmes en route le lendemain, sous le prétexte d'une promenade hors de la ville, armés chacun d'un bâton, de nos couteaux de cuivre, d'une espèce de briquet phosphorique, que le roi nous avait donné depuis peu de jours, et de quelques morceaux de pain.

Nous fûmes en une demi-heure dans la campagne ; alors nous dirigeâmes nos pas vers une colline boisée, qui n'était distante de la ville que d'une petite lieue. Nous nous enfonçâmes dans l'épaisseur du bois, pour nous soustraire à tous les regards, et chacun se mit à chasser de son côté. Édouard le premier, découvrit une tanière, où se trouvait une laie avec ses deux petits marcassins. Il se hâta de nous appeler; nous nous plaçâmes sur une petite pièce de gazon entourée d'arbres; la laie et les deux marcassins étaient déjà assommés. On embrocha la mère à un bâton; on alluma un bon feu, et on attendit que le morceau fût cuit. Cette laie n'était pas plus grosse qu'un petit cochon de lait; mais elle était un peu plus dure. Cependant, après avoir rôti pendant près de deux heures, elle se trouva cuite à point, et elle fut expédiée avec un appétit délicieux.

Ce festin nous parut si agréable, que nous emportâmes dans nos poches les deux marcassins, avec quelques autres petits animaux qui se trouvèrent à notre portée, et furent assommés pour notre souper, sans que nous connussions trop leur espèce. Nous rentrâmes alors à la ville, avec le ferme dessein de revenir tous les deux ou trois jours à la chasse.

Quand nous fûmes renfermés dans notre maison, Édouard se mit à faire la cuisine, et nous mangeâmes le reste de notre gibier, pour le repas du soir. Nous nous étions si bien cachés, que nous ne croyions pas avoir éveillé le moindre soupçon. Mais deux jours après, au moment où nous nous disposions à faire une excursion nouvelle, le roi vint nous

trouver, avec le visage plus triste :
— Qu'avez-vous fait, nous dit-il ?
L'indignation publique est tombée
sur vos têtes..... Nous accusions les
Sanorliens des persécutions qu'ils
ont exercées contre vous ; nous reconnaissons maintenant que vous
vous les êtes attirées par vos fautes,
et par votre faiblesse à céder à vos
passions. Vous venez de donner la
mort à des êtres que Dieu avait animés comme vous. Votre crime est
presque celui des meurtriers. Les
gardiens de la forêt ont trouvé les
ossemens dont vous avez mangé la
chair. On a vu aussi dans votre
chambre les restes de votre repas
sanglant. Un Alburien, coupable
d'un tel excès, serait condamné à
travailler cinq ans aux mines. Les

magistrats informent contre vous. Fuyez, c'est le dernier service que je puisse vous rendre. Allez chez un autre peuple. Les Alburiens sont faibles auprès de vous; mais la masse et le nombre sont au-dessus de la force et du courage. Adieu.

En disant ces mots, le prince Sora remonta en voiture, et s'éloigna au plus vite, nous laissant tous dans une stupéfaction que je ne puis exprimer.

CHAPITRE XXIX.

Départ du royaume d'Albur. Un dragon ou serpent ailé. Entrée dans le pays des Banois.

Il fallait cependant prendre un parti. Nous avions heurté la principale loi de la nation hospitalière chez qui nous étions si bien traités. Les Alburiens indignés, ne nous regardaient plus que comme d'odieux prévaricateurs, et on allait, non pas chercher à nous tuer, comme dans l'île de Sanor, mais nous juger selon l'usage. Nous étions assez forts pour résister à une foule de ces petits hommes ; mais quelles ressources pouvions-nous opposer à leur masse innombrable ; et puis, quelle triste existence pour nous dans un pays où nous voudrions rester par la force, outre que nous nous fermions par là l'entrée des autres royaumes de ce globe, d'où il était impossible de nous tirer. On excusait facilement ce que nous avions fait chez les Sanorliens, parce que cette nation n'était pas aimée ; mais on ne nous eût point pardonné de même nos excès dans Albur, dont le peuple était respecté généralement.

Pendant que chacun de nous roulait en silence ces différentes pensées dans sa tête, Édouard ouvrit subitement la bouche, et s'écria : — Moi, je pars ; qui m'aime me suive !... Il y a déjà long-temps que nous nous ennuyons passablement dans cette espèce de monde; puisque, malgré nos regrets et nos vains désirs, rien ne peut nous remonter à la terre, où nous avons laissé nos familles, tâchons au moins de ne pas mourir de chagrin dans le petit globe, où nous sommes enterrés. Or, le meilleur moyen de nous distraire, c'est la variété. Voyageons donc; visitons les pays voisins ; nous avons été traités par ici comme des hommes, nous serons peut-être ailleurs reçus comme des dieux.

L'avis d'Édouard fut sur-le-champ adopté. Nous nous disposâmes à partir ; nos hardes furent bientôt pliées ; chacun se mit sur le dos un petit paquet de ce qu'il pouvait posséder, et nous sortîmes de la ville, sans attendre la nuit. Nous nous adressâmes en vain à plusieurs Alburiens, pour apprendre d'eux quelle route nous devions tenir : personne ne nous répondit, et tous les citadins nous tournèrent le dos. Mais au premier village où nous arrivâmes, un paysan nous dit que nous avions vingt grandes journées de chemin pour entrer sur les terres des Banois. Ces vingt journées de chemin n'étaient que vingt-deux lieues de notre mesure ; nous les fîmes en deux jours, mangeant ce que nous trouvions, nous régalant à notre aise de chasse, de pêche et de chair tuée. — Puisque nous sommes chassés pour avoir fait gras, disait Tristan, faisons-le du moins de manière à mériter notre châtiment.

Sur la fin du second jour, quand nous approchions des frontières du royaume d'Albur, nous entrâmes dans une ville fortifiée, pour y passer la nuit. On ne savait point encore là quel était notre crime. Nous demandâmes à parler au gouverneur. Toute la ville, charmée de voir ces six géans fameux dont elle avait tant ouï parler, nous conduisit comme en triomphe à l'hôtel-de-ville. Le gouverneur, ravi lui-même de pouvoir nous contempler en face, nous pria de lui dire quel hasard lui procurait le plaisir de nous connaître, et de pouvoir nous être utile. Nous lui répondîmes que nous avions demandé au roi Sora la permission de voyager dans son royaume et dans les pays voisins ; que nous le prions, en conséquence, de nous donner un gîte. — La grande salle des élections est vide, nous dit-il, je vous l'offre; on vous y traitera le mieux qu'il sera possible. Comptez que je suis trop charmé de vous avoir vus, pour ne pas vous rendre le séjour de cette ville agréable. Beaucoup de mes concitoyens ont fait le voyage de la capitale, pour pouvoir vous regarder autrement qu'en peinture; mais moi, attaché ici par les devoirs de ma charge, je n'ai pu que vous souhaiter l'envie de voyager.

Quand il eut fini sa longue phrase, le Manseau lui demanda si les gouverneurs des villes d'Albur n'avaient pas le pouvoir d'abandonner un moment le gouvernail, pour leurs plaisirs, comme cela se pratique si largement ailleurs.—Non certes, répliqua l'Alburien; un homme qui occupe ici une place quelconque, doit l'occuper tout-à-fait. — Vous avez parlé de peinture, continua Tristan; est-ce qu'on aurait fait nos portraits? —Certainement, répondit le gouverneur; et en même temps il nous en donna à tous une copie. Nous ne savions point cette particularité, et nous ne nous étions pas aperçus qu'on nous eût dessinés. Cependant la ressemblance était parfaite.

Toutes ces circonstances nous étonnaient, et nous donnaient quelques regrets pour l'aimable pays que nous allions quitter. On nous apporta un souper abondant, et le gouverneur eut l'amabilité de nous faire compagnie.

— Vous allez entrer demain chez les Banois, nous dit-il; c'est un peuple bien autrement constitué que nous. On n'y parle qu'en chantant ; et ces peuples naissent avec de si grandes dispositions pour la musique, que les enfans pleurent en fredonnant, et que tout le monde rit en cadence.

Cette nouvelle excita notre curiosité, et diminua un peu nos regrets pour les Alburiens. Si ce que le gouverneur dit est vrai, nous dit le Manseau, nous aurons dans ce pays-là l'opéra gratis, et des concerts à tout moment. — Mais pour qu'un peuple chante sans cesse, ajouta Clairancy, il faut que sa langue soit bien facile et bien harmonieuse ? — Cette langue, car une fille de la nôtre, dit l'Alburien, et les Banois l'ont tellement adoucie, qu'ils la plient comme ils veulent. Au reste, elle est trop simple pour vous embarrasser long-temps, et je suis sûr qu'au bout de deux mois vous la parlerez aisément.

Après un long entretien sur les mœurs, les usages et les habitudes des Banois, nous nous séparâmes; c'est-à-dire, que le gouverneur alla se coucher, et que nous en fîmes autant. Le lendemain, de grand matin, nous nous disposâmes à partir.

Le gouverneur vint nous faire ses adieux, et nous dit que comme les Banois étaient en quelque façon superstitieux et timides, ils pourraient bien s'effrayer en nous voyant;

que pour prévenir un mauvais accueil, il allait envoyer avec nous un de ses gens, chargé d'une lettre de recommandation, qui avertirait ce peuple de nous regarder comme des êtres bienfaisans et sages, et non comme des géans dangereux.

Nous remerciâmes encore le gouverneur; il expédia bien vite sa missive, et nous donna un de ses valets, qui savait la langue banoise, pour nous accompagner jusque dans le pays.

Le petit messager mit la lettre dans sa poche. Edouard, qui voulait marcher, prit le messager entre ses bras, et nous sortîmes de la ville, escortés par le peuple.

Quand nous eûmes passé les frontières du royaume d'Albur, nous entrâmes dans le pays des Banois. Le petit Alburien qui nous accompagnait nous pria de l'attendre au pied d'une montagne, pendant qu'il irait avertir les gens du pays, de notre arrivée.

Il y avait tout près de cette montagne une petite forêt d'arbres verts, où nous allâmes nous reposer. Comme la ville frontière de l'empire Banois était à une assez grande distance pour le pays, et que nous n'espérions revoir notre petit homme que dans quelques heures, nous entrâmes dans l'épaisseur du bois, à la recherche d'un arbre ou d'un fruit qui nous fût inconnu. Après nous être réjouis de trouver là un arbrisseau qui ressemblait un peu aux cerisiers d'Europe, nous nous disposions à regagner le pied de la montagne, où l'Alburien devait nous rejoindre, quand nous entendîmes autour de nous de longs sifflemens. Nous avions déjà vu des reptiles dans le petit globe; mais ceux que nous connaissions ne sifflaient point, et n'étaient point dangereux. Chacun de nous se tint donc sur ses gardes, en attendant que l'animal qui nous inquiétait voulût bien se montrer.

Pendant que nous jetions les yeux autour de nous, Édouard, qui avait tiré son sabre, se précipita devant le Manseau. Ce mouvement ayant attiré notre attention, nous vîmes à nos pieds un grand dragon expirant. Notre effroi serait aussi difficile à dépeindre que notre surprise. — Cette forêt est peut-être dangereuse, dit Clairancy ; hâtons-nous d'en sortir, nous examinerons ailleurs la bête qu'Édouard vient d'assommer. En disant ces mots, il prit le dragon par le cou, et nous regagnâmes à la hâte la colline où notre Alburien nous avait laissés. Nous considérions notre proie dans le chemin, et nous faisions tous de grandes exclamations d'étonnement. Nous savions que les anciens écrivains parlaient des dragons comme de serpens ailés véritablement existans. Mais les modernes, qui se croient bien plus instruits, nous avaient habitués à regarder le dragon comme un animal fabuleux. Cependant, s'il se trouve dans le globe souterrain, il peut également s'être vu dans le monde sublunaire.....

Quoi qu'il en soit, celui qui était devant nos yeux était bien un dragon, ou, si l'on veut, un serpent ailé. Il avait sept pieds de long, et un pied de circonférence ; ses ailes, formées de membranes très-déliées, comme celles des chauves-souris, embrassaient en se déployant, une étendue ég.le à la longueur de son corps. Il avait quatre pattes de neuf à dix pouces, extrêmement minces, et terminées en pattes d'oie. Toutes ces particularités nous confirmèrent dans l'ancienne opinion que le dragon vit sur terre, dans l'eau et dans les airs. Sa gueule avait la forme d'une gueule de loup, et sa tête égalait presque en grosseur celle de cet animal que l'Angleterre a exterminé de son sein. Sa peau n'avait point d'écailles, et n'était point couverte de poils, mais lisse et d'un jaune fauve, comme une peau de veau travaillée.

On nous apprit plus tard que le dragon était commun chez les Banois, et qu'on le regardait comme un animal sacré; ainsi le meurtre que nous venions de commettre nous aurait fait chasser du pays avant d'y entrer, si on l'eût découvert. Clairancy pensa heureusement qu'un animal si gros, chez un peuple si petit, devait inspirer quelque terreur; et comme le dragon est un être extraordinaire, il était assez naturel de présumer qu'il eût un certain culte, dans un pays qu'on nous avait dit superstitieux. Nous reportâmes donc bien vite l'animal tué, dans la forêt, et nous attendîmes plus tranquillement notre messager.

Les Banois avaient moins de sagesse que les Alburiens, mais beaucoup plus de curiosité ; c'était un peuple vif, prompt, impatient ; on n'eut pas plutôt lu la missive de l'Alburien, on n'apprit pas plutôt l'arrivée des six géans dont les journaux périodiques contaient tant de merveilles, que la foule, loin de s'effrayer comme on nous l'avait fait craindre, se précipita en courant hors de la ville, pour venir à notre rencontre. Nous entendîmes bientôt un bourdonnement de voix confuses, qui nous annonça l'approche du peuple chez lequel nous allions passer quelques mois ; et, au bout d'un instant, nous aperçûmes une multitude de ces petits hommes qui venaient à nous, en courant de toutes leurs forces. Nous étions assis, nous nous levâmes à leur aspect ; ils s'arrêtèrent un moment, en nous voyant debout ; mais bientôt ils nous touchèrent familièrement.

J'avais remarqué qu'ils avaient tous la tête couverte, et qu'ils nous saluaient en ôtant leur coiffure. Cette circonstance nous frappa tous, parce qu'elle nous rappelait les usages de notre monde, et parce que c'était la première fois que nous la trouvions dans le petit globe (les étrangers qui fréquentent la capitale d'Albur étant obligés de porter le costume et de suivre les usages du royaume). Je demandai donc à l'Alburien pourquoi on saluait ici autrement que dans le pays voisin. — Chacun a des usages conformes à sa manière de penser et de sentir, nous dit-il; les Alburiens saluent du cœur, parce qu'ils donnent au cœur la première place. Les Banois saluent de la tête, parce qu'ils donnent la prééminence au cerveau, et qu'ils accusent le cœur de ne pas savoir toujours ce qu'il fait.

Là-dessus, plusieurs Banois, qui savaient parfaitement la langue d'Albur, remarquant que nous la parlions avec facilité, lièrent conversation avec nous ; mais même en parlant un idiome étranger, ces peuples chantaient continuellement, ce qui nous parut extrêmement bizarre.

Cependant, on nous invita à nous rendre à la ville prochaine. L'Alburien fut prié de venir aussi se délasser quelques jours; mais il répondit qu'il n'avait point de temps à perdre, et il s'en retourna sur-le-champ. Nous le comblâmes de remercîmens, et pour lui et pour l'aimable gouverneur; après quoi, nous suivîmes nos nouveaux hôtes, qui marchaient un peu plus vite et beaucoup plus légèrement que les Alburiens.

CHAPITRE XXX.

Empire des Banois. Chasse. Enigmes.

Quand nous arrivâmes à la ville, on nous conduisit à un vaste édifice, où notre logement était déjà préparé. Cependant, il y avait à peine quatre heures que l'on savait notre arrivée ; mais on avait mis tant d'ouvriers à la besogne, qu'on avait élevé de deux pieds la porte de notre appartement, pour lui donner six pieds de hauteur. On nous avait aussi construit à la hâte une grande table, où nous trouvâmes le dîner servi. — Si ces peuples sont moins sages que les Alburiens, disions-nous, ils sont en récompense plus expéditifs.... Les plus apparens de la ville se mirent à table avec nous, sur des siéges exhaussés, et le dîner commença, accompagné d'une conversation agréable sur les mœurs du pays où nous entrions. Nous reconnûmes bien vite que les Banois sont plus gais, plus bruyans que les Alburiens; mais de longues crises de tristesse succèdent à la vivacité de leur joie; et ils sont moins constamment heureux que leurs voisins.

D'ailleurs, leur conscience n'est pas tout-à-fait la même. Leur religion, leur gouvernement, leurs lois, tout est différent; et en un jour de chemin nous trouvions une énorme distance de mœurs. Les Banois ne tuent point les animaux, et ne se nourrissent pas de leur chair; mais ils tendent des filets dans les lacs et les rivières, et ils ne se font aucun scrupule de manger le poisson qui se prend lui-même. Après les plats de légumes et de fruits, on nous servit plusieurs anguilles, que nous attaquâmes en gens de bon goût.—Ce changement-ci est d'heureux augure, dit le Manseau; puisqu'on mange ici du poisson, on mangera de la chair un peu plus loin.

Cependant, les Banois qui dînaient avec nous, s'émerveillaient de nous voir expédier en trois minutes le repas d'un homme du pays. Ils comprirent que nous pouvions manger aisément douze ou quinze portions pour notre pitance, et ils prirent bientôt des arrangemens pour que nos quatre repas fussent assurés et prêts à l'heure que nous voudrions choisir, avec un petit surcroît pour les citadins qui auraient l'honneur de nous tenir compagnie.

Ce peuple était extrêmement social, ou plutôt extrêmement désœuvré, car nous ne cessâmes d'avoir bonne société autour de nous tout le temps que nous demeurâmes dans le pays. Après nos repas, le plus habile parleur de la société nous apprenait la langue du pays. Nous la parlâmes passablement au bout de six semaines, mais il nous fut impossible de la chanter; cependant nos paroles avaient une certaine cadence, qui se trouve dans l'idiome même.

Nous n'étions restés que huit jours

dans la ville frontière. Après en avoir parcouru quelques autres, où nous fûmes toujours bien reçus, nous arrivâmes à la capitale au commencement du troisième mois de notre entrée dans le pays. Nous allions à pied, parce qu'avant de nous fabriquer des voitures, on nous avait demandé notre avis, et que nous aimions beaucoup mieux nous promener agréablement, que de nous ennuyer dans des charrettes, qui faisaient à grande peine quatre ou cinq lieues dans une journée de dix-huit heures.

Le pays des Banois était gouverné par un empereur soumis à une constitution inaltérable. Le prince régnant vint au-devant de nous, et nous logea dans son palais même, où se trouvaient plusieurs salles assez hautes pour nous recevoir commodément. — Soyez les bienvenus, nous dit-il, en nous introduisant lui-même; je sais votre triste aventure. Vous avez demeuré longtemps chez un peuple sage; il est fâcheux qu'avec toute sa sagesse ce peuple ait de grands préjugés, de ces préjugés que rien n'a pu encore détruire. Vous savez que tous les cultes sont permis dans le royaume d'Albur; cependant leurs lois condamnent l'étranger qui mange de la chair, si sa religion le lui permet, parce que la religion du royaume d'Albur oblige les hommes à vivre de fruits et de légumes. Ici, nous ne mangeons que les productions de la terre et les animaux aquatiques, parce que nous n'aimons pas le sang; mais nous laissons véritablement à tous les hommes une liberté toute entière; et chacun peut ici vivre comme il l'entend, agir comme il veut, parler comme il pense, pourvu qu'il respecte Dieu, la constitution, la nation qu'il fréquente, et le prince qui en est l'image.

— Ainsi, demanda Clairancy, nous pourrons chez vous manger de la chair? — Assurément, répondit le prince, pourvu que vous alliez à la chasse, et que vous apprêtiez vous-mêmes vos ragoûts, car vous ne trouverez point ici de cuisinier qui consente à tremper ses mains dans le sang. — S'il ne s'agit que de chasser et de faire la cuisine, répliqua Édouard, nous sommes bien fâchés de n'avoir pas su cela plutôt; mais ce qui est différé n'est pas perdu...— Vous ferez même quelque chose d'agréable aux Banois, reprit le souverain, si vous exterminez quelques sangliers et d'autres bêtes féroces qui dévastent les environs. Nous leur donnons bien la chasse, mais il nous en arrive souvent des malheurs. Il est bon que vous sachiez que les animaux carnassiers sont plus dangereux ici que dans le royaume d'Albur, et c'est ce *qui* nous donne moins de pitié pour eux. Les sangliers, qui sont si redoutables ici, ne font presque aucun mal chez les Alburiens, soit à cause de la différence de l'air qu'ils respirent, soit qu'ils aient de la reconnaissance pour les bons procédés que les habitans ont pour eux. Mais une autre cause de la sympathie qui lie les Alburiens et les bêtes, c'est que ce peuple fait de tous les animaux des êtres respectables, et croit qu'ils ont été mis sur la terre par la Divinité, pour examiner les actions des hommes; en un mot, les bêtes sont regardées dans Albur comme des démons. — Ah! s'écria Édouard, voilà ce qu'on ne nous avait pas dit. — Eh bien! ajouta le Manseau, parlons de la sagesse des Alburiens; leur religion est pourtant bien simple, et ils ne se vantent point de superstitions.... — Il faut leur rendre cette justice, reprit le souverain, que ces superstitions n'existent que dans l'esprit du peuple et dans quelques cervelles étroites. Tous les Alburiens instruits

ont la plus belle idée de la Divinité
et c'est déjà une grande sagesse, que
de savoir cacher des erreurs popu
laires, qui feraient tort à la renom-
mée de la nation. Mais je vous laisse
on va vous apporter à dîner.

En disant ces mots, le prince nous
quitta. Nous fûmes tous réjouis de
nous trouver dans un pays où nous
pouvions faire gras à notre aise
Nous prîmes l'habitude de chasser
régulièrement un jour sur trois ; et
comme nous n'étions plus obligés
de nous cacher quand nous avions
fait bonne chasse, nous rentrions
quelquefois dans la ville, portant
chacun sur nos épaules une famille
de sangliers. Le peuple charmé, nous
accompagnait jusqu'au palais, avec
de grandes acclamations, et priait

le ciel de nous conserver des forces, dont nous faisions un si noble usage.

Trois mois après notre arrivée dans la capitale, un limonadier de la ville vint nous prier de faire sa fortune, en nous amusant. — Comment cela, demanda bien vite Tristan ? — Voici ce que c'est, répondit le Banois : j'ai fait construire une salle d'une hauteur proportionnée à votre taille ; vous pourrez en traverser la porte sans vous baisser. Cette salle immense fait déjà l'admiration du public....... Or, je venais vous supplier d'être assez bons pour consentir à passer chez moi deux soirées sur quatre. L'espoir de vous y trouver m'attirera la foule ; vous vous divertirez des originaux qui se présenteront sous vos yeux. Je gagnerai beaucoup d'argent, et je consens à vous mettre de moitié dans le gain. — Nous avons peu besoin d'argent, répondit Clairancy, et nous aimons trop notre liberté, pour nous engager en rien.... Mais nous irons de bon cœur passer quelques soirées chez vous ; intitulez toujours votre salle : *Cabaret des géans*..... — A merveille, s'écria le Banois ; que tous les génies du ciel vous bénissent. — Ah ! il y a des génies ici, interrompit *le Manseau* ? — Oui, répliqua le limonadier ; et de plus, je vais vous préparer des tasses et des verres de bonne mesure, pour que vous puissiez prendre quelques rafraîchissemens à votre aise, quand vous nous ferez l'honneur de nous donner votre soirée.

Il sortit à ces mots, en nous laissant son adresse; et le Manseau trouva que ce petit homme avait quelque chose du caractère européen.

Un soir donc, nous nous rendîmes au cabaret en question; on n'y connaissait pas le café, et les liqueurs étaient plus douces que celles de l'Europe. La multitude s'y porta bientôt, et nous fûmes entourés de curieux, qui se disaient ravis de pouvoir nous contempler et nous entendre. On nous demandait de grands détails sur notre pays, sur la forme de notre monde, sur nos mœurs; et les assistans, étonnés d'apprendre que le *ciel* était peuplé d'hommes, plus grands qu'eux à la vérité, mais aussi mortels et aussi fragiles, s'écriaient à tous momens que les connaissances humaines sont bien bornées ; qu'on leur disait, depuis sept à huit mille ans, qu'il n'y avait au-dessus d'eux que Dieu et ses génies ; et qu'il fallait bien long-temps examiner les choses avant de les croire fermement, puisqu'il se pouvait qu'avant de parvenir jusqu'au trône de Dieu, on trouvât quinze ou vingt mondes peuplés de mortels, comme le nôtre. Notez que tout cela se disait en chantant.

Sur ces entrefaites, il entra un bel esprit, qui nous demanda si nous voulions connaître les jeux du pays. Nous répondîmes par l'affirmative ; alors tout le monde prit des siéges, et les uns se mirent à proposer des énigmes, les autres à y répondre, pendant que d'autres s'occupaient à des jeux de main.

Quand le Manseau eut compris la manière de jouer les énigmes, il demanda à s'y mêler; et le plus érudit de la compagnie s'adressa à lui de cette sorte (*) :

 A monseigneur le géant
  Je demande la parole.

Le Manseau se hâta de répondre, en chantant de son mieux :

 Je permets au postulant
  D'exposer sa parabole.

LE BANOIS.

 Qui ressemble sous les cieux
  A la moitié d'un fromage ?

(*) L'auteur anglais déclare ici dans une note, qu'il a été obligé de changer les mots banois, pour rimer en sa langue. On a fait la même chose dans cette traduction, et on n'a gardé que l'âme des vers, en leur donnant un vêtement français.

LE MANSEAU.

Ce qui lui ressemble mieux,
C'est l'autre moitié, je gage.

Tout le monde applaudit, et le Banois fit cette seconde question, sur un autre air :

Pourriez-vous me dire aussi
Ce que c'est que la rate (*) ?

LE MANSEAU.

Oh ! de répondre à ceci,
Aisément je me flatte.
La rate est un intestin,
Ou j'y perds la cervelle.

LE BANOIS.

Monsieur, vous en êtes loin :
Du rat, c'est la femelle.

(*) Le mot banois est *dolla*, qui signifie chien et cœur. Comme il ne présenterait aucune idée, littéralement traduit, on a été obligé de le changer.

On applaudit de nouveau, et tout le monde se mêla bientôt à ce jeu. Après qu'on nous eut fait plusieurs questions, auxquelles nous nous contentâmes de répondre, nous en fîmes à notre tour.

Clairancy demanda *quelle était la plus forte de toutes les choses?* Au bout d'une minute on lui répondit : *la nécessité.*

—*Quel est,* continua Tristan, *l'être qui détruit tout, et qui ne produit rien?* Un Banois s'écria sur-le-champ, que c'était *la mort.*

—Et, *qu'est-ce qu'un livre éternel,* dit à son tour le Manseau? — *C'est un vieux livre qui n'a ni commencement ni fin,* lui répondit-on (*).

(*) L'auteur anglais a proposé cette dernière question en latin, sans qu'il m'ait été possible d'en deviner la raison. Voici ses termes : — *Quis est liber æternus?* — *Qui caret initio et fine.*

— Quel est, demandai-je alors, *le plus sage de tous les vieillards ? — C'est le temps,* parce qu'il a tout vu, etc.

Les Banois étaient si exercés à ce jeu, qu'il était difficile de leur rien proposer d'embarrassant. On s'en amusa presque toute la nuit, et nous nous retirâmes fort tard, selon l'usage de ce pays, où l'on dort la grasse matinée, pour passer la nuit debout.

———

CHAPITRE XXXI.

Désert. Foyer de lumières. Pays des Noladans. Pays des Felinois. Procès bizarres. Superstitions.

Dans les divers pays que nous avions déjà parcourus, nous avions trouvé deux peuples civilisés, qui jouissaient, sous des lois sages, de tous les agrémens que procurent les arts et le commerce. Cependant, quoiqu'entourés d'hommes spirituels, et pour le moins aussi sensés que les géans d'Europe, un ennui mortel nous gagnait bientôt, loin de notre patrie, et sans espérance de jamais la revoir.

Il fallait cependant nous étourdir là-dessus. Un miracle seul pouvait nous reporter au pôle, et nous n'attendions point de miracles. D'ailleurs les peines que nous avions éprouvées dans les terres polaires nous effrayaient encore ; et quand nous considérions l'impossibilité de sortir du globe souterrain, nous aurions souhaité de perdre la mémoire, pour achever dans ce petit monde le reste de notre vie, sans regretter des pays qui nous étaient fermés à jamais, et qu'il fallait mettre dans l'oubli.

C'est pourquoi, comme rien ne pouvait nous distraire long-temps, nous étions décidés à voyager pendant les années qui nous restaient encore, et à nous divertir un peu, par la connaissance de tout le globe souterrain.

En sortant de l'empire Banois, nous prîmes la route d'un grand désert de vingt lieues, que des landes arides rendaient inhabitable. Nous étions las de nous trouver entourés de la foule, et nous voulions nous voir un moment dans la solitude. Tristan et le Manseau, qui s'ennuyaient plus que nous autres, proposèrent même à la troupe de bâtir un ermitage dans le désert, et d'y vivre dans les méditations philosophiques. — Nous n'avons pas assez à nous plaindre des hommes, pour les quitter de la sorte, répondit Clairancy. Nous serions d'ailleurs obligés de les voir, pour nous procurer de quoi vivre ; et s'ils pensent comme là-haut, les bonnes gens viendraient nous visiter comme des saints ; s'ils sont plus sages que les Européens, ils nous regarderaient comme des fous, et viendraient encore à notre ermitage, pour nous railler.—En attendant meilleur avis, interrompit Edouard, voyageons toujours.

Nous nous mîmes donc en marche, chargés de quelques provisions, et nous entrâmes dans le désert. Il était peuplé de divers animaux, à qui nous fîmes bonne chasse. Les Banois se servaient d'arcs et de sarbacanes, qu'ils maniaient fort adroitement. Nous avions pris l'usage de l'arc, et quelques-uns de nous s'en escrimaient aussi bien que de la carabine.

Je ne dois pas oublier de parler ici d'un phénomène assez singulier dans le petit globe, et qui nous embarrassa long-temps pendant le séjour que nous fîmes chez les Banois. A Sanor et dans Albur, nous avions aperçu, au midi du ciel, une grosse étoile fixe, qu'on voyait de jour, quand le soleil ne brillait point, et qui jetait la nuit une grande lumière. Dans l'empire Banois, et sur-tout dans le désert où nous nous trouvions, cet astre était beaucoup plus éclatant que la lune de notre monde; sa forme était celle d'une énorme comète chevelue; sa lumière, pendant la nuit, avait plus de force que la pleine-lune. Est-ce encore le foyer d'un grand volcan? c'est ce que nous n'osons décider; mais il est probable que ce n'est point une véritable planète, ou bien la matière de notre globe serait transparente, et il n'y a pas lieu de croire qu'on adopte jamais ce dernier système.

Comme nous avions perdu tout-à-fait l'idée de revoir l'Europe, j'écrivais avec assez de négligence les mémoires de notre voyage et de nos aventures. Je conservais cependant le commencement de cette histoire, tant pour la satisfaction de la troupe, que pour laisser dans le pays un monument du séjour que nous y faisions, et du prodige qui nous y avait apportés.

Je dirai donc maintenant, le plus brièvement qu'il me sera possible, les choses remarquables dont je n'ai gardé que des souvenirs. Je ne suis point assez habile, et je n'ai pas fait une étude assez soigneuse de ce monde inconnu, pour en donner une description bien exacte. J'ai fait connaître, au commencement, son étendue et sa forme. J'ajouterai qu'il est divisé en quarante-six états différens : quinze royaumes, six empires, onze républiques, soumises pour la plupart à un seul chef, et quatorze pays encore barbares, dont le gouvernement n'a rien de fixe. Le globe est coupé de mers et de fleuves, parsemé de lacs et d'étangs, et couvert de forêts, comme le nôtre. La navigation y est moins avancée qu'en Europe, parce que les mers en sont peu périlleuses. On n'y voit peu de volcans ; et il est à présumer que cette terre est massive, car on en connaît parfaitement les pôles et toutes les contrées. La température est à peu près égale partout. On y trouve du cuivre en grande abondance, de l'or, de l'argent et des pierres précieuses, comme dans le monde sublunaire.

Le pays des Noladans, où nous entrâmes en sortant de l'empire Banois, était une grande république, plus forte que tous ses voisins par son étendue, et plus faible par sa population et ses lois. Le célibat y était en quelque façon honorable, et les deux tiers des habitans vivaient sans songer à payer leur dette naturelle. Dans le royaume d'Albur, un homme de lettres, un poëte célèbre, était ordinairement fils et élève d'un littérateur. Le père avait transmis à son fils les études de sa vie entière; le fils y avait joint de nouvelles études, et avait atteint la perfection. Ici, un poëte vivait dans le célibat, et ne formait personne; de sorte que le goût et les arts étaient dans ce pays peu avancés. Outre cela, les mœurs se trouvaient dans un état de corruption épouvantable. Les courtisannes, plus nombreuses que les épouses, avaient presque le pas sur elles; et comme ce pays était plein de gens à bonne fortune, un mari qui pouvait compter sur la fidélité conjugale, était déjà une chose rare. Mais les Noladans n'avaient point ce préjugé qui charge le mari de l'infamie de sa femme. Une épouse adultère se déshonorait seule; il est vrai que dans les villes, ce déshonneur était presque une plaisanterie.

Un jour que je parlais de tous ces désordres à un homme du pays : — La patrie court à sa ruine, me dit-il ; les mœurs sont tout-à-fait perdues ; les lois sont méprisées ; la population, la morale et le bonheur ne reviendront relever notre gloire que quand nous aurons adopté la loi des Alburiens sur le mariage. Les magistrats s'en occupent ; j'aime à croire qu'ils seront assez heureux pour nous tirer de l'abîme où nous nous sommes jetés.

L'extérieur des Noladans annonçait le bonheur. Ils passaient les nuits dans les bals et les fêtes ; toutes leurs vues se dirigeaient au luxe ; cent spectacles ouverts tous les jours, occupaient, sous mille formes, les ennuis de la soirée. Les divertissemens, les jeux, les modes enlevaient les revenus de l'état. Ce pays nous aurait offert mille agrémens, si nous y fussions entrés avant de connaître le royaume d'Albur; mais nous ne pûmes demeurer long-temps chez un peuple où les courtes scènes du plaisir s'effaçaient subitement par des spectacles hideux. La débauche, le vice, les exécutions multipliées, les forfaits sans nombre, tout nous rappela la civilisation de quelques contrées européennes, et après quatre mois de séjour, nous passâmes de la république des Noladans, dans le royaume Felinois.

Si ceux que nous venions de quitter ne s'occupaient qu'à jouir de la vie matérielle, ceux que nous venions trouver donnaient presque dans l'excès contraire, et ne s'entretenaient que de théologie et de procès.

Les codes, les livres de jurisprudence sous tous les titres y étaient multipliés ; et il eût été impossible de compter tous les livres de religion des Felinois.

Nous fûmes là témoins de plusieurs procès aussi bizarres que déplorables.

Une dame felinoise, amoureuse d'un jeune homme qui passait pour l'ami de la maison, et ne pouvant satisfaire à son aise la passion qu'elle avait conçue, dans une ville où ses démarches pouvaient être épiées, prétexta un voyage dans sa famille, qui demeurait à deux journées de la capitale. Le voyage devait durer quelques mois. Le mari, qui était un négociant, courut les provinces comme il faisait souvent pendant l'absence de sa femme. Un jour qu'il se trouvait dans une ville frontière, éloignée de sept journées de la ville où sa femme avait promis d'aller, il rencontra devant lui, à sa grande surprise, sa fidèle moitié qui se promenait librement, en donnant le bras à l'ami de la maison. L'époux, stupéfait à la vue de sa femme qu'il pensait ailleurs, et qui se présentait là avec celui qu'il croyait son ami, se frotta les yeux, et douta d'abord s'il était éveillé ou endormi. Mais enfin, il entendit la voix des deux coupables. Il leur demanda par quel hasard ils avaient été conduits en-

semble dans une ville si éloignée....
L'épouse et l'ami de la maison balbutièrent d'abord, puis cherchèrent à se rassurer; l'époux ne leur en laissa pas le temps, et les quitta en les avertissant qu'ils se tinssent prêts à comparaître le lendemain devant le juge.

Quand la femme adultère se trouva seule avec son complice, elle lui reprocha la timidité qu'il avait mise à se défendre, et lui dit qu'elle *le* regarderait comme un homme malhabile, s'il ne sortait pas heureusement de l'embarras où ils se trouvaient jetés.

Le compagnon de la dame se piqua d'honneur, et écrivit cette lettre au mari outragé :

« Vous m'avez insulté hier sur la

»voie publique; je vous enjoins donc
»de quitter au plutôt cette ville, en
»cas que vous teniez à vos épaules,
»vous prévenant que si vous êtes ici
»demain, vous recevrez cinquante
»coups de canne, et autant les jours
»qui suivront, jusqu'à ce que vous
»ayiez évacué la ville. Vous m'avez
»menacé de vous plaindre au juge :
»je suis bien aise de vous avertir
»encore que ma cause est la bonne,
»et que si on avait l'injustice de me
»condamner, vous recevriez double
»dose du traitement que je vous
»prépare, avec d'autres accessoires.
»*Signé*, etc. »

Le mari ne s'épouvanta point de cette aimable missive ; il alla aussitôt porter ses plaintes en justice, et déposa au greffe la lettre en question.

La femme, bien qu'elle fût jeune et jolie, fut appréhendée au corps une heure après, avec son complice. On les jugea le lendemain; on accorda un acte de divorce à la requête du mari; on obligea le séducteur à payer une grosse amende; on autorisa le mari à prendre un quart de la dot de sa femme, pour ses dédommagemens, ce qu'il eut la générosité de refuser, et on condamna les deux coupables, conjointement, à passer chacun six mois dans une prison séparée; à se marier ensuite sur la sellette publique, et à vivre comme ils l'entendraient, mais sans pouvoir jamais se rencontrer dans la capitale, où vivait l'époux insulté, ni dans la ville où l'on venait de prononcer leur sentence.

Cette cause nous parut si singulière, que nous en gardâmes l'histoire imprimée, et c'en est la simple traduction que je viens de rapporter ici. En Europe, on eut fait un volume sur un pareil sujet.

Les Felinois ont un grand penchant pour les vaines superstitions, qui sont si largement répandues dans le monde sublunaire. Les songes jouissent sur-tout d'un grand crédit chez eux, avec cette différence qu'on les explique en Europe dans le sens inverse de ce qu'ils annoncent, et que là on les entend tout naturellement, à moins qu'ils ne soient trop embrouillés. Ainsi, les charlatans et les fous qui se disent en Europe capables d'expliquer les songes, prétendent qu'on aura des chagrins quand on rêve des bonbons ; de la misère, quand on rêve les richesses ; de la joie, quand on rêve des choses tristes.

Là, au contraire, on s'attend à pleurer, quand on a songé qu'on pleurait ; à rire, quand on a songé la joie ; et les imaginations frappées accomplissent quelquefois ces ridicules prédictions, ce qui ne manque pas de les accréditer.

Il y a encore là une espèce de jeu public, qui ressemble assez à nos loteries ; et les chercheurs de dupes ont publié, comme en Europe, des livres qui expliquent les songes en faveur de ce jeu ; de sorte que les bonnes femmes, les savetiers et les gens crédules hasardent leur argent sur le frêle espoir d'un rêve. Comme l'imagination ne peut pas aller assez loin pour persuader aux joueurs qu'ils gagnent quand ils ont perdu, cette manie de se ruiner aurait dû tomber d'elle-même ; mais les hommes chérissent trop les chimères, pour les abandonner ; et il serait impossible de compter le nombre des Felinois que le jeu public et les rêves ont jetés dans l'indigence.

Un bon bourgeois mendiait, parce que sa femme avait dépensé toute sa fortune, dans l'espoir que ses rêves la mettraient en carrosse ; un artisan, qui aurait pu parvenir à une honnête aisance, oubliait qu'une pièce d'argent dans le sac vaut mieux que cinquante pièces d'or sur les brouillards de la mer ; un père de famille, séduit par l'idée de s'enrichir ; un ivrogne, plein de la douce illusion que son rêve lui donnera de quoi boire ; une immense quantité de femmes, pour avoir des chiffons, mettaient leur argent dans le dépôt du jeu, et vieillissaient dans l'indigence, sans se rebuter de mille tentatives inutiles, qui les privaient du nécessaire, loin de leur donner le superflu.

Il n'y a point d'astrologues chez les Felinois, ni chez aucun peuple du petit globe, par une bien bonne raison, c'est qu'il n'y a presque point d'astres sur leurs têtes, et que les foyers de lumières, qu'on aperçoit çà et là dans ce qu'ils appellent le ciel, sont immobiles et invariablement les mêmes. En récompense, il y a des sorciers, des devins, des enchanteurs, des démons, et une multitude d'autres racailles de même sorte.

La religion des Félinois est très-chargée, pleine de cérémonies, rigoureuse, terrible. Le nombre des théologiens, des moines et des prêtres forme au moins le quart de la nation, en y comprenant les théologiennes, les prêtresses, et les femmes qui prédisent l'avenir dans des couvens. Cette religion nous parut si singulière, que nous en voulûmes connaître quelques détails. Le lecteur en trouvera le sommaire dans le chapitre suivant.

CHAPITRE XXXII.

Dogme religieux des Felinois, ou histoire du grand prophète Burma.

La terre était plongée dans les ténèbres, et les Felinois ne rendaient les honneurs divins qu'aux bêtes des forêts et aux oiseaux de l'air, quand le prophète Burma descendit du ciel, pour tirer les hommes de la barbarie.

Il parut dans nos champs, comme un génie lumineux, et il dit à nos pères : « Felinois, suivez Burma, et » vous serez heureux. » Nos pères suivirent Burma, et le prophète les ayant rassemblés autour d'un vieux chêne, les fit asseoir sur le gazon; puis il tira de son sein un œuf d'autruche, le brisa; il en sortit un petit oiseau, qui prit son vol vers les cieux.

« Felinois, dit Burna, vous avez
» vu un prodige. Ce prodige doit vous
» expliquer l'énigme de l'homme.
» Vous avez cru jusqu'ici que vous
» étiez nés pour vivre, et pour mou-
» rir ensuite tout-à-fait. Vous étiez
» dans l'erreur. Le Dieu qui m'en-
» voie parmi vous, m'a commandé
» de vous ouvrir les yeux. L'œuf que
» vous venez de voir, c'est votre corps.
» Je l'ai brisé comme la mort vous
» brisera quand le jour sera venu.
» L'oiseau qui est sorti de l'œuf rom-
» pu, c'est votre âme qui s'échappera

» du corps, pour s'élever dans les
» plaines de l'air, quand la mort
» passera sur vous.

» Écoutez donc ce que je viens vous
» dire. Quand le Dieu, au nom de
» qui je vous parle, eut ordonné au
» monde de prendre la place du néant,
» il fit sortir de la terre les animaux,
» les plantes et les hommes qui l'ha-
» bitent. Il donna aux plantes une
» existence immobile; aux bêtes, une
» existence matérielle; aux hommes,
» une existence spirituelle; ainsi les
» plantes eurent la vie; les animaux,
» la vie et le mouvement; les hom-
» mes, la vie, le mouvement et l'es-
» prit. Il permit aux plantes de *se*
» nourrir de la rosée du ciel et des
» sucs de la terre; aux bêtes, de se
» nourrir des plantes et des herbes;

»aux hommes, de se nourrir des
»animaux et des plantes.

» Ainsi, les plantes sont faites pour
»les animaux ; les animaux et les
»plantes sont faits pour l'homme ,
»l'homme est fait pour lui-même
»et pour Dieu....

» Felinois, quelques bêtes féroces
»mangent les bêtes fauves pour vivre;
»mais elles n'ont point la raison, et
»elles ne sont point coupables. Quel-
»ques-uns de vous ont mangé leurs
»frères ; mais ils ont la raison, et
»ils sont criminels. Le lion ne mange
»point le lion, et le dragon n'étran-
»gle pas son semblable....

» Les bêtes des forêts sont faites
»pour votre usage ; vous pouvez vous
»en nourrir, aussi bien que des fruits
»du pommier et des plantes de la

» terre. Mais, ces êtres vils et infé-
» rieurs à vous, vous les avez adorés,
» parce que vous les avez crains. Dieu
» vous a faits pour régner sur la na-
» ture, pour commander aux ani-
» maux, et vous avez tremblé devant
» eux, tandis que c'est à Dieu seul
» que vous devez rendre hommage,
» élever des autels, adresser des
» prières, offrir des sacrifices. Les
» bêtes des forêts ne construisent
» point de cabanes, et ne pensent
» pas plus qu'elles ne parlent. Vous
» avez la faculté de connaître ; vous
» possédez le don de la pensée ; votre
» intelligence est cette âme que Dieu
» vous a donnée, pour vous distin-
» guer des autres créatures. Cette âme
» ne doit point mourir.... »

Burma expliqua ensuite comment

ceux qui auraient adoré le grand Dieu et aimé leurs frères, passeraient en sortant de ce monde dans un lieu de délices, où ils vivraient de viandes bien apprêtées, et où ils jouiraient de toutes sortes de plaisirs, tandis que les méchans seront précipités dans un trou sans fond, où ils travailleront continuellement sans rien manger que de mauvais fruits, et des légumes cuits à l'eau.

Et comme nos pères demandaient à Burma, qui lui avait appris toutes ces choses, le prophète répondit que Dieu même l'avait instruit de ces grandes merveilles. Il prédit en même temps tout ce qui devait arriver à la nation pendant mille années; et ses prophéties sont accomplies depuis trois mille ans. Ensuite, voyant que quelques-uns refusaient de le croire, il commanda au chêne qui se trouvait auprès de lui, de rentrer dans la terre. Le chêne disparut aussitôt, et à sa place on vit jaillir incontinent une fontaine d'eau rose.

Nos pères étonnés, se prosternèrent devant Burma, et adorèrent son Dieu. Ensuite, ils élevèrent un autel auprès de la fontaine d'eau rose.

Il y avait quelques heures que cette merveilleuse source coulait, quand un impie osa braver le prophète, et lui cria qu'il était un imposteur. Aussitôt la fontaine cessa de jaillir; et lorsqu'elle reprit son cours, elle ne jeta plus qu'une eau ordinaire. Le peuple, indigné, pria Burma de punir l'incrédule. Le saint prophète étendit la main, une grêle de pierres tomba d'en-haut sur l'impie, et le tua.

Alors nos pères demandèrent à Burma de leur rendre la fontaine d'eau rose. Burma répondit : Bâtissez un temple au milieu d'une ville ; vivez en société, et je vous donnerai trois fontaines merveilleuses. Le peuple se rassembla donc dans une grande ville, qui est maintenant la capitale des Felinois ; on bâtit un temple : Burma choisit soixante prêtres, et au pied de trois autels, il fit couler trois fontaines ; l'une rose, l'autre bleue, et la troisième de couleur d'or. Ces trois sources jaillissent une heure par jour, depuis quatre mille ans, et les prêtres vendent au peuple l'eau lustrale qu'elles produisent.

Dès que la religion fut établie, Burma avertit le peuple qu'il allait faire un voyage au ciel qui est sur nos têtes, et qu'il reparaîtrait bientôt. Il revint en effet après trois jours d'absence.

« Felinois, dit-il à nos pères, après
» que je vous eus quittés, je me suis
» rendu sur la plus haute montagne,
» où un éléphant ailé m'attendait. Je
» me suis placé sur son dos, et il
» m'a conduit au ciel, que vous voyez
» d'ici, éclairé pendant la nuit de
» quelques flambeaux. Je me suis
» trouvé bientôt à la porte de la de-
» meure éternelle. L'éléphant sacré
» s'est approché de l'aigle qui garde
» l'entrée du ciel, et lui a dit qui
» j'étais. L'aigle poussa un grand cri;
» les portes d'or s'ouvrirent, et j'en-

» trai dans un jardin chargé de fruits
» et d'ombrages, où les génies et les
» anges se divertissaient sous les
» yeux de Dieu.

» Les danses et les jeux cessèrent
» à mon aspect. Un ange, beau
» comme la lumière, vint au-devant
» de moi, en volant dans les airs,
» et me conduisit à ses frères, qui
» me donnèrent un festin somptueux.

» Après deux jours de divertisse-
» mens et de fêtes, le génie qui pro-
» tège les hommes vint à moi, et
» me remit le livre sacré que je vous
» apporte. C'est en suivant les lois
» qu'il vous prescrit, que vous irez
» à ce ciel, où tout le bonheur que
» les mortels peuvent souhaiter se
» trouve à tous les instans.

» L'éléphant me ramena alors par-

» mi vous. » (Il y avait encore une foule de prodiges sur le voyage du prophète, qu'il serait insipide de rapporter ici. On remarquera seulement que ce ciel est notre terre.)

Burma donna son livre aux prêtres, qui en firent la lecture au peuple.

Cependant, il y avait parmi nos pères, des hommes incrédules, qui ne voulurent point recevoir le grand Burma pour leur législateur, ni adopter le code de religion qu'il leur proposait. Les prêtres avaient beau leur rappeler le voyage au ciel, ils refusaient d'y croire.

Burma, instruit de ces impiétés, rassembla le peuple, et dit : « Écou-
» tez moi, Felinois : j'ai vu cette nuit
» le grand aigle qui garde l'entrée du

»ciel; il m'a dit ces paroles : Quel-
»ques-uns de ceux que tu dois con-
»duire au ciel refusent de croire à
»ton voyage; que dix des plus ver-
»tueux du peuple se rendent avec
»toi sur la montagne stérile qui se
»trouve au bout du globe; un soufle
»divin les enlevera de la terre, et je
»leur ouvrirai le séjour du bonheur.
»Après avoir dit ces mots, l'aigle
»disparût. »

» Suivez-moi donc, ô peuple chosi !
» et vous verrez un grand miracle...»

Alors le prophète conduisit la multitude à la montagne stérile, qui forme l'une des extrémités du globe. On choisit les dix plus verteux Felinois. Burma les coiffa d'un bonnet de métal sacré, pour préserver leur tête des injures de l'air ; et à la vue du peuple les dix Felinois s'envolèrent au ciel, où ils jouissent d'un torrent de bonheur. Ce miracle, fait à la vue de cent mille hommes, confondit les incrédules, et tout le peuple adora le Dieu du prophète.

On bâtit un temple sur la partie de la montagne où le prodige avait eu lieu; là, après le culte du grand Dieu, on va honorer l'éléphant et l'aigle à qui Dieu a donné le pouvoir d'approcher du paradis; là aussi, tous les ans, les prêtres vendent aux gens de bien, qui veulent quitter la terre, des bonnets miraculeux qui les emportent au ciel.

Après mille autres prodiges, Burma dit adieu au peuple, et il disparut du milieu de nous, pour remonter auprès des anges, sur l'éléphant céleste.

CHAPITRE XXXIII.

Espoir de retour au globe terrestre. Prêtres de la montagne de Burma. L'éléphant céleste. Phœnix.

Le livre sacré des Felinois nous donna une foule de pensées. Nous ne nous arrêtâmes point à considérer le mérite et les bizarreries des lois de Burma, nous entrevîmes, dans les miracles de ce prophète, un moyen de revenir en Europe; et cet espoir, plein de charmes, fit couler dans nos cœurs le baume des plus douces illusions.

Depuis sept ans que nous vivions dans le monde souterrain, nous cherchions à nous habituer à l'idée d'y mourir; mais nous regrettions toujours de ne pouvoir rapporter à nos compatriotes la nouvelle de notre voyage, si surprenant et si singulier. Cependant, quoique nous ayions eu de fréquentes atteintes de tristesse, nous nous étions constamment bien portés. Il est vrai qu'il y avait peu de malades dans le petit globe, soit à cause de la température toujours égale, ou de la simplicité des médecines qu'on y emploie.

Mais enfin, si les bonnets miraculeux des prêtres de Burma avaient l'effet que leur supposait le peuple, nous pouvions revoir notre globe, notre ciel, et ce soleil que nous ne voyions plus que par de courts intervalles.

Nous demandâmes à Clairancy ce qu'il pensait des espérances qui ravissaient nos imaginations. — Je les crois bien fondées, nous dit-il. La montagne qui termine ce globe, et qui fait aussi la frontière des états Felinois, doit être une montagne d'aimant, comme celle qui avoisine le royaume d'Albur, sur laquelle nous avons été jetés, et qui est à l'extrémité opposée du monde souterrain. Or, si la montagne sacrée des Felinois est d'aimant, elle se trouve justement au-dessous du pôle méridional de notre monde. Cette ouverture doit être, ainsi que celle du nord, entourée de montagnes de fer, qui attirent les vapeurs aimantées, et soutiennent l'équilibre du petit globe. En conséquence, je me persuade que les bonnets des prêtres Felinois, qu'on nous dit de métal, sont d'aimant détaché de la montagne, et que c'est par ce moyen que les bonnes gens, las de la vie terrestre, croient s'enlever au ciel, tandis qu'ils ne sont emportés que sur notre globe, où Burma a vu de si belles choses.

On peut même tirer, du système que je viens d'établir, de grandes conclusions, qui expliquent plusieurs points embarrassans de l'antiquité. Il y a quatre mille ans que les Felinois montent au ciel.... On parle des pygmées, qui existaient dans les temps héroïques de la Grèce, et qui n'avaient qu'un pied et demi de haut. Qui sait si quelques Felinois n'auront point paru dans certaines contrées de notre monde ?...... Ils étaient en petit nombre, peut-être tous du même sexe ; ils n'auront point multiplié, et leur race éteinte nous a laissés dans l'incertitude. Les récits des poëtes ont d'ailleurs agrandi le nombre de ces petits hommes, comme ils ont sans doute diminué leur taille, puisque les Felinois ont plus de deux pieds.

On a vu, dans des temps plus rapprochés, de petits hommes qui vivaient cachés dans les bois ; on les a pris pour des satyres. On en a trouvé dans les pays voisins du pôle, qui avaient, dit-on, un pied et demi de haut ; on leur a donné le nom de démons montagnards, ou gardiens des mines, et on ne s'est point éclairci sur leur compte, parce qu'on n'a pas osé les approcher. Les cabalistes ont fait de ces mêmes nains des êtres de courte stature, qu'ils nomment les gnomes. Saint Antoine en a rencontré un dans son désert, avec qui il a conversé; et ce qu'il y a de plus fort, Leloyer dit quelque part, qu'on trouva un jour dans le nord, deux petits hommes, *ou plutôt deux satyres, qui, après avoir appris le langage du pays, se dirent être d'une terre d'antipodes; où le soleil ne luisait point......* etc.

Il est donc raisonnable de croire que ces pygmées, ces démons des mines, ces gnomes de la cabale, ne sont autre chose que quelques petits Felinois, qui sont arrivés chez nous en comptant aller au ciel, et qui se sont avancés dans les terres, quand ils ne sont pas morts en chemin.

Ces raisonnemens de Clairancy nous donnèrent une grande satisfaction. Nous nous embrassâmes avec une vive effusion de joie, et nous saluâmes de loin le pôle méridional. Après cela, Edouard demanda à un Felinois s'il y avait long-temps qu'on n'avait vu quelqu'un du pays monter au ciel. — Il y a dix ans, répondit le petit homme ; car on commence à s'en lasser, et à devenir un peu incrédule. Nous avons pourtant cette année un dévot qui veut quitter la terre ; et comme la fête de Burma arrive dans vingt jours, vous pourrez le voir s'envoler. J'ai déjà assisté trois fois à cette fête, depuis que je suis au monde, et j'ai vu huit Felinois quitter la terre pour le ciel, sans être tenté de les suivre sitôt. Mais j'aime à considérer les efforts de mes compatriotes pour s'y rendre; ce spectacle me donne des pensées pieuses.— Et les prêtres vont-ils au ciel comme quelques-uns de vos compatriotes, demandai-je au petit homme ? — Non, répondit-il; cela leur est défendu par une loi du grand pontife...

Nous avions plus de soixante lieues à faire pour gagner la montagne du pôle; nous partîmes de suite, afin d'y arriver avant la fête de Burma, et de prévenir les prêtres de notre dessein, assez tôt pour qu'ils eussent le temps de fabriquer nos bonnets.

Après huit jours de marche, nous arrivâmes au pied de la montagne d'aimant, où le principal collége des prêtres Felinois vivait au sein de l'opulence, dans un grand et magnifique château. Nous leur fîmes part de notre résolution; et aussitôt, sans chercher à connaitre quelle religion était la nôtre, ni si nous étions saintement préparés à ce grand voyage, ni quel était notre genre de vie, ils nous demandèrent seulement si nous avions de quoi payer le bonnet sacré. — Oui, si les frais n'en sont pas excessifs, répondit Clairancy. Songez d'ailleurs que nous donnerons un bon et religieux exemple à votre peuple, et que nous devons être traités en pauvres étrangers... — Je sais tout cela, répliqua le chef de ces prêtres; aussi nous n'exigerons de vous que cent pièces d'or pour chaque bonnet.

(Ces pièces valaient à peu près cinq francs de notre monnaie ; ce qui faisait pour chaque coiffure environ cinq cents francs.) — Nous allons vous compter ce que vous demandez, répliqua Edouard, puisque nous en avons assez pour cela. Mais que nos bonnets soient solides : songez que nous pesons dix fois plus que les gens du pays....

Le prêtre, satisfait de la manière de parler qu'avait prise Edouard, fit venir un jeune ouvrier, qui prit la mesure de nos têtes, et on nous promit que les bonnets seraient faits, et solidement, pour le jour de la grande fête. Nous payâmes d'avance, ainsi que nous l'avions offert, et on publia que les cinq géans, enflammés du désir de voir le séjour de

Burma, quitteraient la terre dans peu de jours.

Cette nouvelle attira aux environs de la montagne une foule innombrable de Felinois, curieux de nous voir prendre notre vol. Plusieurs bonnes gens vinrent nous visiter, et nous demandèrent si nous croyions à Burma. Comme nous ne voulions tromper personne, nous répondîmes que nous étions d'une religion différente de toutes celles du petit globe, et que nous n'allions le quitter que pour retourner dans notre patrie.

Alors les Felinois, qui avaient bien entendu dire que nous venions d'une terre inconnue et fort éloignée, s'imaginèrent que nous étions descendus du ciel pour examiner leur conduite ; que nous avions une origine céleste ; et, à coup sûr, que nous n'étions ni humains, ni mortels. Cette opinion se répandit bientôt parmi la foule ; on parla de nous adorer... Loin de penser que ce qu'ils appelaient le ciel n'était qu'une terre habitable comme la leur, dont nous étions originaires, on crut plus que jamais, que le ciel d'où nous étions descendus était bien le ciel, et que nous étions des êtres divins. Ainsi, quelques jours après la première nouvelle de notre prochain départ, quand nous sortîmes dans la campagne, nous fûmes tous stupéfaits de voir le peuple se mettre à genoux devant nos pas, nous demander des bénédictions, des grâces, une longue vie, une grande fortune, et ce que des hommes matériels ont coutume de souhaiter.

Nous nous donnâmes toutes les peines du monde pour persuader à ces bonnes gens qu'ils étaient dans l'erreur; que nous n'étions que des hommes fragiles comme eux; que ce qu'ils croyaient le ciel n'était qu'une autre terre, où l'on mourait tout comme chez eux : nous ne pûmes les tirer de leur extravagante prévention.

D'un autre côté, les prêtres de la montagne nous firent dire qu'on ne nous permettrait point de coiffer le bonnet sacré, et de quitter le petit globe, si nous semions davantage l'impiété parmi le peuple; et pour obvier à de nouvelles tentatives, scandaleuses à leurs yeux, ils nous prièrent, assez impérieusement, de venir passer à leur maison le reste du temps que nous avions à demeurer là-bas, afin de nous sanctifier.

En même temps, ils répandirent le bruit que nous étions véritablement des envoyés du ciel ; mais que nous ne voulions pas nous faire reconnaître pour tels, parce que Burma ne nous avait pas permis d'accorder des grâces ; qu'au reste, si nous étions mécontens des autres peuples du petit globe, nous n'avions qu'un bon compte à rendre des Felinois, etc.

L'ardent désir que nous avions de revoir notre sol natal, nous fit endurer en silence toutes ces impostures, et nous demeurâmes avec les prêtres, jusqu'au jour de la fête de Burma.

En attendant, nous souhaitâmes de voir les deux animaux sacrés, que l'on venait honorer au temple de la montagne. Quoiqu'ils ne dussent paraître à des yeux profanes, que le jour de la fête prochaine, nous obtînmes cependant, moyennant quelques pièces d'or, la permission de les visiter avant notre départ.

On nous conduisit d'abord au palais de l'éléphant céleste. Le peuple lui avait donné ce nom, le croyant immortel et descendu en droite ligne du paradis de Burma, parce qu'il ne ressemblait à aucun autre éléphant du petit globe. Il était fort beau, d'une couleur bleu-d'azur, ce qui est aussi rare chez les petits hommes, que dans le monde sublunaire; mais nous reconnûmes bientôt que sa couleur était empruntée, et qu'il était peint avec beaucoup de soin. Comme le peuple ne le voyait pas souvent, on pouvait aisément le renouveler quand il était vieux, et l'on avait soin de bien entretenir sa couleur. Au reste les éléphans du globe souterrain sont toujours blancs, ou noir-puce. Leur conformation ne diffère pas beaucoup de nos éléphans ordinaires, à l'exception des oreilles qui sont un peu relevées, et de la queue qui est mieux proportionnée à leur taille. J'oubliais de dire que les Felinois voisins du pôle sont légèrement basanés, et que leurs cheveux sont généralement bruns et très-crépus.

Après avoir visité l'éléphant céleste, on nous fit voir *l'oiseau couronné*, que nous appelions l'*aigle*, parce qu'il ressemblait un peu aux aigles de notre monde. On rencontre fréquemment ces sortes d'oiseaux chez les Felinois, et on les respecte infiniment. Ils sont de la grosseur d'une poule ; leur forme est absolument celle de l'aigle ; mais ils ont un plumage plus magnifique. Leur gorge est entourée d'aigrettes de couleur de feu ; tout le reste de leur plumage est pourpre, à l'exception de la queue, qui est d'un jaune d'or. Celui que l'on allait adorer se distinguait des autres oiseaux de son espèce, par une couronne de brillans, que les prêtres avaient fixée adroitement sur sa tête, et que le peuple croyait aussi naturelle que les autres ornemens de ce bel oiseau.

Quand nous l'eûmes bien considéré, nous ne pûmes le comparer qu'au phénix. Il est en effet tel que les anciens historiens dépeignent cet être solitaire, et que l'on dit maintenant fabuleux. Il est tel aussi que l'oiseau du soleil des Chinois, dont parle le père Martini. Ce qui nous confirma encore dans cette pensée, c'est que l'aigle des Felinois a les deux sexes, et qu'il vit sans société. On nous assura aussi qu'il élevait son vol jusqu'au ciel. Je n'oserais avancer qu'il ait pu se montrer sur notre globe....,

CHAPITRE XXXIV.

Bonnets d'aimant. Vapeurs magnétiques du pôle austral. Fête de Burma. Retour de la planète centrale au globe sublunaire. Pôle du midi.

La veille de la fête de Burma, on se prépara, dans le recueillement et le silence, à en célébrer la solennité. Mais le jour fut aussi bruyant que la veille avait été calme. Le son des tambours, des trompettes, et d'une multitude d'instrumens de musique, annonçait au peuple le grand spectacle qu'on allait lui donner. La foule se rassembla autour de la montagne, attendant avec impatience le moment où nous prendrions notre vol vers les cieux.

Au milieu de la journée, tous les préparatifs étant achevés, on nous conduisit au sommet d'un rocher d'aimant, avec le dévot Felinois, qui devait nous accompagner dans le voyage aérien. Les prêtres nous avaient expressément défendu de rien dire à notre petit compagnon, qui pût l'engager à rester sur la terre; et nous obéissions avec d'autant plus de plaisir, que nous n'étions pas fâchés d'emmener avec nous un petit Felinois en Europe.

Quand le peuple nous vit au sommet de la colline, d'où nous devions prendre notre élan vers le ciel, on poussa de toutes parts des cris éclatans, et on nous donna un grand concert de musique. Pendant tout ce vacarme, les prêtres nous firent entrer dans une chambre voûtée en pierres de taille, bâtie sur le roc et fort élevée. C'était là qu'on fabriquait les bonnets miraculeux. On ne nous avait point permis de les voir avant le jour de la fête ; mais alors nous nous assurâmes qu'ils étaient bien d'aimant. On en prenait la matière dans un coin de la chambre où on les fabriquait, et on les travaillait sous une voûte solide, de peur que les forces attractives des montagnes du pôle ne les enlevassent des mains de l'ouvrier.

Aussitôt que nous fûmes entrés dans cette chambre, on essaya si les bonnets étaient de juste mesure. Ils nous coiffaient parfaitement ; la forme en était ronde, fort large, et très-plate dans la partie supérieure. Le dedans était garni de coussins extrêmement doux; et ils se rattachaient sous le menton, par une forte chaîne de cuivre, doublée d'étoffes de laine, à peu près comme les mentonnières de nos casques, avec cette différence que la chaîne des Felinois est large comme la main, et solidement fixée autour du bonnet. Outre cette précaution, le bonnet d'aimant est garni de gros anneaux qui retiennent de fortes cordes de lin, par le moyen desquelles on attache fermement le voyageur à sa coiffure. On nous passa ces cordes sous les bras, entre les jambes, et jusque sous la plante des pieds, pour que le poids de notre corps fût supporté tout entier en un juste équilibre.

Ces préliminaires auraient bien pu ouvrir les yeux des Felinois, et leur prouver que le bonnet mystérieux n'avait point de vertu surnaturelle. Mais la superstition éblouissait trop les dévots, pour qu'ils soupçonnassent la fourberie; et je crois qu'aussi dans notre globe, si l'on voyait un moyen de monter au ciel, bien des gens en entreprendraient le voyage. D'ailleurs, quand même l'aspirant aux joies du paradis se serait aperçu de l'imposture, du moment qu'on avait coiffé le saint bonnet, il n'était plus temps de reculer.

Nous étions disposés à partir, et nous nous embrassions avec tendresse, pleins d'espoir et de joie.

Nous priions en même temps les prêtres de Burma de presser notre départ, parce que quelques-uns de nous commençaient à s'effrayer des périls de la route que nous allions parcourir. Mais toutes les cérémonies n'étaient pas encore faites ; le plus jeune des prêtres devait préalablement parler au peuple, et son sermon dura une grande heure. Clairancy, pendant ce temps, rassura les plus timides d'entre nous.
— Nous sortirons d'ici, dit-il, aussi heureusement que nous y sommes entrés ; et puis, quand nous aurions quelque danger à courir, nous devons les affronter tous pour revoir notre patrie. Quelle serait ici notre existence ?.... Au lieu qu'en Europe nous retrouverons nos parens, nos

amis, notre religion, nos mœurs.... Enfin, comptez-vous pour rien le plaisir de raconter vos aventures?...

Après le sermon, on fit sortir le dévot Felinois, en annonçant aux spectateurs qu'ils allaient voir leur vertueux concitoyen enlevé au ciel. Dès qu'il fut en plein air sur la montagne, les vapeurs magnétiques produisirent leur effet ordinaire : le petit homme s'enleva avec tant de rapidité, qu'on le perdit bientôt de vue. Edouard partit ensuite, et fut emporté avec autant de vitesse. Le Manseau tremblait de tous ses membres. On fit sortir Clairancy, qui abandonna pareillement la terre. Je fus tiré le troisième de la chambre voûtée. Quand je parus sur la montagne, j'eus à peine le temps d'apercevoir toute la foule à genoux, et d'entendre le son multiplié des instrumens de musique : une force indomptable m'enlevait avec la rapidité de l'éclair; mais je me trouvais si bien attaché au bonnet d'aimant, mon corps possédait si également son équilibre au milieu des plaines de l'air, que je n'éprouvais aucun malaise. Je ne puis dire combien de temps je voyageai de cette manière ; je sais seulement que je perdis de vue le petit globe, une minute au plus après l'avoir quitté, et que je m'élevais aussi doucement que si j'eusse été dans une barque, malgré la vitesse de la course qui m'entraînait vers notre pôle.

L'étonnement, le plaisir, la douceur de cette ascension auraient charm' mon esprit, si tous ces sentimens n'avaient été mélangés d'une certaine frayeur de me briser aux montagnes polaires. Mais enfin j'y parvins avec le plus grand bonheur. Je ne saurais peindre les transports de joie que je ressentis, lorsque j'aperçus devant moi, comme une haute muraille, les parois de l'ouverture du pôle austral. Dès-lors j'éprouvai dans mon vol quelques secousses assez violentes, et je me vis bientôt enlevé au-dessus de la montagne polaire. Un effroi mortel me saisit en ce moment, où je dépassai la superficie du grand globe. — Dieu de bonté! me disais-je, où suis-je emporté! et irais-je vraiment au paradis de Burma?..... Mais je sortis d'inquiétude au bout d'un instant. La force de la vapeur aimantée, après m'avoir élevé de quelques pas au-dessus de la montagne de fer, m'y reporta subitement, la tête la première, et je me sentis arrêté, avec une forte secousse, sur un roc proéminent, dans une posture fort incommode. La plate-forme de mon bonnet était fixée sur le roc de fer, et j'avais par conséquent le corps et les pieds au-dessus de la tête. Je ne pouvais que malaisément jeter autour de moi quelques regards, et je me voyais sur le penchant d'un précipice.... Je souffrais tellement de la cruelle position où je me trouvais, que je m'occupai au plus vite de m'en dépêtrer, agissant d'une main, et de l'autre embrassant une pointe du roc. Après que je me fus délié, non sans peine, je me levai sur mes pieds, et je me trouvai au bord de l'ouverture du pôle; je m'éloignai du précipice, en m'avançant vers le milieu de la montagne; et de là, j'aperçus le Felinois avec mes deux compagnons, qui se reposaient appuyés contre une petite éminence. Je poussai aussitôt un grand cri; ils me firent signe d'aller à eux, car ils ne pouvaient plus marcher. J'eus à peine la force de m'y traîner; j'étais épuisé de fatigue; chaque pas que je faisais abattait mes forces, et quand j'eusse rejoint mes trois camarades, il m'eût été impossible d'aller plus avant. Nous nous demandâmes d'abord ce que nous éprouvions; nous nous félicitâmes ensuite d'être arrivés sans mésaventure. Mais nous mourions de faim, et nous ne pouvions nous asseoir pour nous délasser, car le sol de fer où nous nous trouvions était extrêmement froid.

Au bout d'un moment, Clairancy aperçut Tristan, qui tombait sur un rocher, à un quart de lieue de nous. Nous étions bien tentés d'aller au secours de notre pauvre camarade ; mais il nous était trop pénible de faire le moindre mouvement. Il se débarrassa heureusement, et s'avança, comme j'avais fait, sur la montagne. A mesure qu'il se rapprochait de nous, nous poussions des cris pour nous en faire remarquer, et pour lui donner du courage. Il arriva jusqu'à notre halte. — Quel voyage, nous dit-il!... et que nous sommes favorisés du ciel, de nous rencontrer ainsi. Je n'avais pas pensé, avant de quitter le petit globe, que l'ouverture polaire a au moins cinquante lieues de largeur, et que nous pouvions être emportés, les uns à droite, les autres à gauche, et peut-être séparément à vingt lieues les uns des autres. — Je n'avais point cette frayeur, répondit Clairancy; si nous avions été enlevés du milieu de la montagne d'aimant, où l'on nous a si solidement coiffés, nous aurions pu craindre que, nous trouvant au terme de notre vol, dans le juste milieu de l'ouverture polaire, l'attraction de l'aimant nous dispersât à son gré; encore devions-nous croire que nous serions tous jetés sur cette partie de la couronne du pôle qui présente plus de proéminences, et qui attire plus fortement les vapeurs magnétiques; mais nous sommes partis tous du même coin de la montagne d'aimant, nous devons arriver tous à la même partie des montagnes de fer.

Malgré tous ces beaux raisonnemens, le Manseau, qui devait paraître à quelques minutes de nous, ne se montrait point. Nous l'attendîmes en vain pendant deux grandes heures, rien ne se laissa voir. Edouard prétendit qu'il était sans doute arrivé loin de nous, quoi qu'en voulût dire Clairancy, et que nous étions à jamais séparés de ce malheureux. Mais Clairancy et Tristan disaient qu'il était plus vraisemblable de penser que Martinet n'avait pas eu le courage de partir.....

Cependant nous mourions de faim et de soif; et ces deux besoins impérieux surmontant la fatigue, nous nous décidâmes à descendre la montagne, sauf à y revenir, si notre compagnon ne paraissait pas. Comme le petit Felinois ne pouvait nous suivre, Tristan, qui avait le plus conservé de courage, le prit dans ses bras; et nous tournâmes le dos à l'ouverture du pôle austral.

CHAPITRE XXXV.

Retour en Europe par les terres australes. La mer de glaces du midi. La Nouvelle-Hollande, etc.

Nous n'avions point d'autres armes avec nous, que de longs poignards d'airain que nous avions conservés, cachés sous nos vêtemens; et comme nous pouvions avoir besoin de faire quelque radeau, nous emportions avec soin les cordes dont on nous avait liés à nos bonnets d'aimant. Le petit Felinois était muet de surprise, de trouver le paradis de Burma plus triste que le pays qu'il avait quitté.

Nous attendîmes pour le désabuser, que nous eussions rencontré de quoi apaiser la faim qui nous dévorait.

Cependant nous avions déjà revu notre ciel; et la lune que nos yeux oubliaient depuis sept longues années, nous prêtait sa douce lumière. Notre fatigue était grande; mais notre joie était plus grande encore, en descendant la montagne, de pouvoir saluer notre sol originaire et le ciel de notre enfance. Chacun de nous baisa la terre en la touchant, et rendit de vives actions de grâces à l'Eternel. Nous apercevions devant nous des arbres et des plantes, qui ne ressemblaient point à la vérité aux végétaux du pôle-nord, mais c'était la même perspective; et les vapeurs magnétiques du pôle méridional présentaient, un peu plus faibles cependant, les mêmes effets de lumière, que l'ouverture du pôle septentrional. Nous nous avançâmes vers les arbres que nous voyions parsemés à peu de distance; nous trouvâmes bientôt des fruits noirs, gros comme des pêches communes, et ayant le goût des nèfles. Un peu plus loin, Tristan aperçut au milieu d'un buisson, un grand nid, dont il s'approcha. Un oiseau blanc, fait comme une canne de Barbarie, s'envola au bruit; et notre compagnon nous apporta dix gros œufs. Il nous fut aisé de nous procurer un morceau de fer et un caillou. Edouard battit le briquet; mais nous eûmes beaucoup de peine à allumer du feu, parce que nous n'avions point d'amorce. A la fin, nous nous servîmes de la ceinture du Felinois, qui était extrêmement fine; et cela nous réussit. On amassa des branches de bois sec; on fit un bon brasier; et les œufs, cuits sous la cendre, furent trouvés excellens.

Cependant les fruits que nous avions mangés n'avaient point apaisé notre soif. Nous fîmes quelques pas dans les terres, sans perdre de vue la montagne, et nous découvrîmes une herbe qui avait le goût de l'oseille commune. Chacun en mangea copieusement, et se sentit un peu désaltéré.

Après cela, comme nous avions repris courage, Edouard et moi, nous voulûmes retourner sur la montagne, parce que le Manseau ne paraissait point; mais nous avions plus d'une demi-lieue à faire, et nous n'eûmes pas la force d'en grimper deux cents pas. Il nous fallut revenir à nos compagnons, et nous traîner au pied de quelqu'arbre, pour nous reposer. Nous étions tellement épuisés, que toute la petite troupe s'endormit autour du feu; et soit que l'herbe qui nous avait rafraîchis eût une vertu assoupissante, soit que la fatigue ait causé ce long engourdissement, quand nous nous éveillâmes, la lune était au même point du ciel que quand nous nous étions endormis; et nous mourions encore de faim.

Mais une surprise, la plus douce de toutes celles que nous pouvions attendre, vint enchanter notre réveil : le Manseau était endormi auprès de nous..... Clairancy se hâta de l'éveiller, pour lui demander s'il y avait long-temps qu'il était là, et pourquoi il ne nous avait pas tirés de notre long sommeil à son arrivée. Aussitôt qu'il ouvrit les yeux, il nous regarda tous, nous embrassa l'un après l'autre, et nous conta que la rapidité de notre départ l'avait épouvanté; qu'il avait hésité long-temps avant de se décider à nous suivre, et qu'enfin les prêtres de Burma l'avaient fait sortir de force de la chambre voûtée; qu'il était arrivé sans savoir comment; qu'il s'était détaché de la montagne comme il avait pu, et que, tout surpris de ne plus nous voir, il était descendu à terre, en tremblant de ne point nous rejoindre; qu'il nous avait trouvés tous endormis auprès du feu, mais si profondément, qu'il lui avait été impossible de nous éveiller ; qu'alors il avait mangé quelques fruits que nous avions laissés près de nous, et qu'il s'était laissé tomber à nos côtés, de lassitude et d'envie de dormir. Nous eûmes tous la plus grande joie de nous voir réunis ; nous nous levâmes ; et les mêmes fruits de la veille nous donnèrent à déjeûner.

Après cela, nous nous éloignâmes des montagnes du pôle austral, en calculant avec effroi que nous avions huit cents lieues à faire pour arriver à la terre de feu, et onze cents, si nous voulions aller à la terre de Diemen, dans la Nouvelle-Hollande. Outre que nous étions sans défense, et dans une terre absolument inconnue, la plus grande partie de notre route devait se faire par mer, et nous n'avions aucun moyen de nous embarquer. Cette idée désolante allait nous ôter le courage, et nous jeter dans le désespoir, quand Clairancy nous rappela tous les prodiges de notre voyage. — Dieu, qui nous a conservés au milieu de tant de périls, nous aurait-il ramenés si miraculeusement dans notre patrie, pour nous laisser périr en touchant le port......

Ces paroles nous rendirent quelque lueur d'espérance; et bientôt nous entrâmes dans une épaisse forêt, dont les arbres ressemblaient principalement au pin noir. Nous trouvâmes aussi quelques arbustes plians, qui nous furent plus utiles que le reste, parce que nous en fîmes des arcs. Nous rencontrions fréquemment des œufs comme ceux du jour précédent ; mais nous n'avions pu encore attraper l'oiseau qui les pondait. Tristan en tua un quand son arc fut apprêté, et nous le mangeâmes pour notre second repas de cette journée. Comme le Felinois ne pouvait marcher aussi vite que nous, nous étions obligés de le porter sur nos épaules, et chacun s'en chargeait tour à tour. C'était un homme de quarante ans, fort doux, mais fort triste depuis qu'il avait vu que le paradis de Burma était une chimère.

Nos aventures, dans les dix premiers jours qui suivirent notre départ du pôle austral, seraient presque une répétition de notre course au pôle-nord, si je les décrivais exactement; je n'en fatiguerai point le lecteur. Je dirai seulement que le ciel fut constamment notre guide, puisque nous n'avions point de boussole; que nous ne trouvâmes point de bêtes féroces; que notre nourriture se composait de fruits divers, d'herbes, d'œufs, d'oiseaux et de quelques bêtes fauves, grosses comme des agneaux, ayant les pattes de derrière beaucoup plus basses que celles de devant, et de couleur gris plus ou moins foncé. Depuis le troisième jour, nous rencontrions aussi de temps en temps des fontaines, et des ruisseaux qui se perdaient sous la terre, après une course de deux ou trois cents pas. Nous passions le temps de notre sommeil, ou dans la cavité d'un rocher, ou dans l'épaisseur des buissons, ou au pied d'un arbre, avec la précaution de veiller l'un après l'autre sur ceux qui se reposaient. Nos journées étaient ordinairement d'environ dix lieues.

Le onzième jour, nous fûmes obligés d'interrompre notre marche, parce que le pauvre Felinois, qui était malade depuis qu'il vivait sur notre globe, se trouva ce jour-là hors d'état de supporter la secousse du voyage et la froidure de l'air. Nous lui prodiguâmes tous les soins que nous pûmes imaginer dans ce triste désert; mais rien ne put le rétablir, et il mourut, après nous avoir arrêtés trois jours. Toute la petite troupe lui donna de sincères regrets, non parce qu'il nous enlevait, par sa mort, l'espoir de conduire dans notre patrie un habitant du globe souterrain, mais parce que nous nous étions attachés à lui, comme à notre compagnon d'infortune, et parce que nous étions six avec lui, comme quand nous quittâmes le Spitzberg. Nous lui rendîmes les honneurs funèbres, comme il nous l'avait demandé, c'est-à-dire, que nous brûlâmes son corps, et que ses cendres furent enterrées avec ses habits. Après cela, réduits de nouveau au nombre de cinq, et regrettant à la fois le Felinois, la femme du Manseau et notre pauvre Williams, nous nous remîmes à marcher; c'était le quatorzième jour. Nous nous étions presque toujours trouvés jusque-là au milieu d'une forêt; nous entrâmes, vers la fin de la journée, dans une espèce de campagne montueuse, parsemée de plaines et de bouquets d'arbres; et le froid, que nous avions déjà senti, commença dès-lors à devenir plus rigoureux.

Le dix-huitième jour, Edouard tua, sur la pente d'une petite colline, un énorme oiseau, que nous prîmes de loin pour un autruche. Quand il l'eut ramassé, nous vîmes qu'il était deux fois aussi gros qu'une poule-d'Inde. Son plumage était extrêmement blanc, et sa forme était plutôt celle d'une oie sauvage que de tout autre habitant de l'air. Il nourrit la petite troupe pendant deux jours; sa chair, quoiqu'un peu dure, avait fort bon goût. Le lendemain, nous aperçûmes devant nous, à la distance d'un quart de lieue, trois gros animaux qui nous effrayèrent. Après nous être arrêtés un instant, en apprêtant nos arcs, et en comptant trop peut-être sur nos flèches, qui n'étaient que de bois, fort dur à la vérité, mais incapable de tuer un animal défendu par une peau épaisse, nous nous avançâmes, non sans trembler intérieurement. Quand nous fûmes plus près, de la moitié de l'espace qui nous séparait, Clairancy crut remarquer que nos trois animaux broutaient l'herbe. Cette particularité, qui nous frappa tous également, commençait à nous rassurer, lorsque nous vîmes les trois monstres venir à nous. Le Manseau, épouvanté, poussa des cris de terreur, qui furent répétés par tous ses pauvres compagnons. Nos clameurs parurent effrayer aussi les trois animaux, car ils prirent la fuite; et nous n'en revîmes plus de semblables dans ce pays. Edouard pensa que ce pouvait être des chevaux sauvages; et, en effet, ils en avaient un peu la figure. Nous vécûmes ce jour-là et les jours suivans, de ces bêtes fauves à pattes inégales, que nous nommions *girafes*, quoiqu'elles eussent peu la conformation de ces animaux, et qu'elles n'en eussent pas la taille. Mais cette nourriture devenait de jour en jour plus rare, et le froid était excessif.

Le vingt-quatrième jour, nous aperçûmes l'aurore, qui nous annonçait le retour du soleil. Le vingt-cinquième jour, nous tuâmes deux de ces oiseaux que nous avions pris pour des autruches, et il fut résolu que nous les garderions quelques jours, parce qu'il nous fallait traverser des terres, où peut-être nous trouverions difficilement à manger. Le vingt-septième jour, nous vîmes une partie du disque du soleil; et le lendemain, nous pûmes le saluer et le contempler tout entier, pendant un quart-d'heure. Le trentième jour, nous ne trouvâmes qu'une petite source chargée d'un pied de glace. Depuis trois jours, la terre n'était plus couverte que d'une mousse rare, et de quelques arbrisseaux sans feuillage, épars à certaines distances. Ce n'était plus une terre végétale; c'était un sol aride, hérissé de rochers couverts de glaçons et de neige.

Durant les huit jours qui suivirent, nous essuyâmes tant de peines et de maux, que je n'ai pas le courage d'en retracer l'affligeante peinture, d'autant plus que je ne ferais qu'attrister inutilement le lecteur. Notre courage s'était relevé par le succès de notre marche, jusqu'alors supportable; désormais elle devint si pénible, que nous désespérions, à chaque pas, d'en pouvoir jamais atteindre le terme. Nos vêtemens, d'une étoffe légère, n'étaient point faits pour nous garantir des rigueurs du froid, comme ceux que nous portions en partant de la cabane du Spitzberg. Les peaux des bêtes que nous avions tuées, y suppléaient imparfaitement. Nous les avions attachées autour de nous, avec les cordes que nous avions emportées du pôle, et nous en avions fait aussi des bonnets. Mais la gelée avait mis nos mains à tous dans un état affreux. Nous nous fîmes des espèces de manchons avec la peau et les plumes de nos deux oiseaux. A mesure que nous avancions, la terre devenait plus aride, et l'air plus cruel. Pendant les jours dont je parle, il nous fut presqu'impossible de dormir. Nous trouvions rarement du bois, et difficilement une caverne, pour nous garantir un peu de la gelée. Nous vécûmes tout ce temps avec nos deux oiseaux et deux animaux blancs, de la taille d'un mouton, que nous prîmes pour des renards.

Le huitième jour, nous aperçûmes, dans un rocher à notre droite, une cavité profonde. Nous y portâmes nos pas, avec l'espoir d'y prendre un peu de repos. Le bonheur qui nous y conduisit, nous y fit trouver autre chose. Cette caverne était pleine de ces sortes de renards blancs, dont la chair était un peu sauvage, mais très-nourrissante. Le Manseau et moi, nous gardâmes l'entrée, pendant que nos trois autres compagnons se jetèrent dans la caverne, et firent un grand carnage des animaux qu'elle logeait. Quelques-uns parvinrent à s'échapper bien malgré nous; et après que la besogne fut faite, nous comptâmes les morts, qui se trouvèrent au nombre de treize. Cette abondance nous donna beaucoup de joie; nous fîmes du feu; un de ces animaux fut cuit; et chacun en mangea à volonté, pendant que les autres étaient exposés à la gelée, pour les empêcher de se corrompre.

Avant de nous remettre en marche, le Manseau prétendait qu'il nous suffirait d'emporter cinq de nos renards, et de laisser les sept autres ; mais heureusement nous ne pensâmes point comme lui. Nous emportâmes même bien soigneusement les morceaux de chair cuite qui restaient de notre dîner, et nous nous remîmes en marche. Le soleil devenait plus fort, et se montrait plus long-temps de jour en jour ; mais nous souffrions tellement du froid, que nous n'avions pas la force de nous réjouir de son aspect, et que nous aurions mieux aimé la lune du pôle, avec sa température supportable.

Le trente-neuvième jour, nous arrivâmes sur les côtes de la mer glaciale du midi. Nous nous étions attendus à la trouver bien plutôt, et à moins voyager par terre. Autant que nous pûmes le supputer, nous étions vers le 70⁰ degré de latitude méridionale, et vers le 165⁰ degré de longitude. Ainsi, après une marche si longue et si affreuse, nous nous trouvions arrêtés sur un rivage hérissé de rochers de glace, par une mer immense, couverte d'énormes glaçons mobiles. Les flots apportaient peu de bois sur ces côtes, et ce ne fut qu'après de laborieuses recherches, que nous pûmes assembler sept longues bûches, dont nous fîmes un radeau, en y employant la moitié de nos cordes ; mais nous n'osions nous hasarder sur un si frêle esquif, au milieu des glaces flottantes qui se heurtaient avec fracas, et que le vent mettait sans cesse en mouvement. Nous traînâmes notre radeau sur une grande île de glace, qui tenait à la terre, et qui paraissait avoir au moins une demi-lieue de longueur. Nous ne savions comment nous faire une voile; mais l'événement qui va suivre nous tira de peine pour l'instant, et nous l'avons toujours regardé comme un miracle de la bonté du ciel. Nous avions amené notre radeau jusqu'au bord de l'île de glace; nous nous disposions à le lancer à la mer et à nous y hasarder, en nous confiant uniquement au ciel, à qui nous adressions d'ardentes prières, lorsqu'un grand coup de vent, parti des côtes, fit craquer les glaçons, brisa en plusieurs parties l'île de glace où nous nous trouvions, et la poussa en pleine mer. Notre radeau et nos douze renards étaient heureusement près de nous, avec quelques petits tas de mousse que nous avions amassés pour allumer du feu. Le glaçon où nous étions avait à peine deux cents pas de longueur ; il était poussé d'une telle force, qu'il vogua sur la mer pendant cinq jours, avec plus ou moins de rapidité, selon la vigueur du vent. Nous nous étions effrayés d'abord de cette aventure ; nous la regardâmes bientôt comme notre salut. Outre qu'il faisait moins froid que sur la côte, le glaçon nous portait au-devant du soleil, et nous espérions trouver quelqu'île non éloignée de la Nouvelle-Hollande. Nous n'avions point osé faire de feu le premier jour; nous en fîmes le second, sur notre radeau; et la glace se fondant un peu alentour de la flamme, nous offrit, à notre grande surprise et à notre plus grande joie, une bonne eau douce....

Le sixième jour au matin, qui était le quarante-cinquième de notre voyage, nous aperçûmes la terre..... Mais en même temps, l'île de glace qui nous portait, apparemment repoussée par le vent de côte, rétrograda doucement. Nous nous hâtâmes de jeter notre radeau à la mer, et de nous y confier, en disant adieu au bienfaisant glaçon. Nous n'avions pour rames que le bois de nos arcs;

Ce fut avec ces faibles moyens que nous travaillâmes tout le jour, pour aborder la terre, qui n'était pas à plus de deux lieues de nous. Nous l'atteignîmes enfin, non sans avoir désespéré vingt fois d'y pouvoir mettre le pied. C'était une grande île, qui, sans doute, n'a pas encore été découverte, et qui commençait à s'animer par la végétation. Le soleil était devenu plus fort, les jours plus longs, et le climat plus doux. Clairancy nous dit que, selon ses calculs, la terre où nous venions d'aborder était vers le 56º degré de latitude méridionale, et vers le 142º degré de longitude. Ce calcul nous étonna, parce qu'il supposait que nous avions fait un chemin immense pendant les cinq jours et les cinq nuits que nous avions navigué sur la glace. Mais nous n'avions point dormi pendant tout cet espace, et nous étions tous accablés de fatigue. Nous nous hâtâmes d'allumer du feu ; nous fîmes cuire un de nos renards, et nous nous abandonnâmes au sommeil, au pied d'une petite colline que le soleil échauffait de ses rayons.

Nous avions amarré notre radeau. Nous nous avançâmes sur les côtes pour le revoir ; il ne s'y trouva plus, et nous aperçûmes au loin des hommes qui nous semblèrent nus, et qui s'éloignaient de la côte, avec notre pauvre bâtiment. Ce spectacle, qui nous annonçait que l'île était peuplée, nous déchira le cœur, parce qu'il nous ôtait aussi le moyen d'en sortir promptement. Mais nous pensâmes bientôt que nous trouverions sans doute des pirogues de sauvages, dont nous pourrions nous emparer. Une heure après, en marchant sur la côte, nous rencontrâmes des huîtres et des moules ; il y avait tant d'années que nous n'en avions mangé, que ce fut pour nous tous un régal. L'île où nous nous trouvions était fort grande, puisque nous fûmes quatre jours à la traverser. Nous savions aussi qu'elle était peuplée ; mais il nous fut impossible d'apercevoir de nouveaux habitans pendant ces quatre jours.

Le cinquième, nous étant avancés

vers une petite baie, nous y trouvâmes sept pirogues, comme nous l'avions prévu. Elles étaient faites de troncs d'arbres creusés par le feu. Avant de nous en emparer, nous voulûmes rassembler des provisions. Il ne nous restait qu'un renard, que nous avions fait cuire, parce qu'il commençait à se gâter. Nous avions tué dans l'île deux cygnes noirs, quelques pigeons et une poule-d'eau. Nous avions aussi amassé quelques fruits de cycas, que nous avions fait passer par le feu, pour leur ôter la qualité malfaisante qu'ils avaient. Nous détachâmes trois pirogues, et nous nous avançâmes en mer. Mais à peine avions-nous fait un quart de lieue hors de la baie, que quatre sauvages nous aperçurent. Ils montèrent deux des pirogues que nous avions laissées, et se mirent à nous poursuivre. Très-heureusement nous gagnâmes au large assez vite pour n'être pas atteints. Il faisait un temps inconstant, qui tantôt nous poussait avec violence, tantôt nous ballottait sans nous laisser avancer. Je ne donnerai point de détails sur le reste de notre voyage, qui n'offre plus rien de bien curieux. Après sept jours d'une navigation aussi dangereuse que pénible, nous découvrîmes un vaisseau en pleine mer. Cet aspect nous fit pousser les plus vifs cris de joie. Nous eûmes le bonheur d'être remarqués. C'était un bâtiment anglais, qui visitait les côtes de la Nouvelle-Hollande. Le capitaine nous reçut avec la plus touchante humanité. Il nous donna à tous des vêtemens et sa table, et il entendit avec autant de surprise que d'intérêt le récit de nos aventures. Il nous apprit que ce jour, où nous nous retrouvions avec des Européens, était le 2 septembre 1814. Nous restâmes quelques jours au Port-Jakson, après quoi nous passâmes heureusement en Angleterre.

POST-SCRIPTUM.

Il y a déjà quelques mois que je suis de retour dans ma patrie. J'ai pris toutes les informations possibles pour découvrir quelque chose sur le sort des malheureux compagnons que nous avons laissés au Spitzberg; je n'ai rien appris qui me permit de compter sur leur existence. Sans doute, s'ils avaient reparu sur le sol Européen, leur retour aurait fait assez de bruit pour qu'il fût aisé de le savoir. D'ailleurs, je me suis adressé particulièrement aux familles de la plupart de nos pauvres amis: partout on les pleure; j'ai donc lieu de croire que ces infortunés sont morts dans les déserts glacés du septentrion ; et je bénis encore la providence de l'heureuse idée qui, en nous conservant la vie, nous fit découvrir un monde inconnu, et nous ramena sous le ciel adoré de notre patrie.

FIN DU TROISIÈME ET DERNIER VOLUME.

TABLE
Des Chapitres du Tome troisième.

Chap. XXIV. *Caverne de brigands. Meurtre exécrable. Vengeance forcenée. Départ de l'île de Sanor.* 1

Chap. XXV. *Retour à Silone. Départ pour la capitale d'Albur. Rencontre d'un lac.* 23

Chap. XXVI. *Livre sacré des Alburiens.* 38

Chap. XXVII. *La capitale. Le Roi d'Albur. Académie. Mœurs alburiennes.* 49

Chap. XXVIII. *Monumens alburiens. Leurs inscriptions. Transgression des lois du pays.* 75

Chap. XXIX. *Départ du royaume d'Albur. Un dragon ou serpent ailé. Entrée dans le pays des Banois.* 94

Chap. XXX. *Empire des Banois. Chasse. Enigmes.* 113

Chap. XXXI. *Désert. Foyer de lumière. Pays des Noladans. Pays des Felinois. Procès bizarres. Superstitions.* 151

Chap. XXXII. *Dogme religieux des Felinois, ou histoire du grand prophète Burma.* 152

Chap. XXXIII. *Espoir de retour au globe terrestre. Prêtre de la montagne de Burma. L'éléphant céleste. Phœnix.* 165

Chap. XXXIV. *Bonnets d'aimant. Vapeurs magnétiques du pôle austral. Fête de Burma. Retour de la planète centrale au globe sublunaire. Pôle du midi.* 183

Chap. XXXV. *Retour en Europe par les terres australes. La mer de glaces du midi. La Nouvelle-Hollande, etc.* 198

Post-Scriptum. 229

Fin de la Table du troisième et dernier volume.

www.ingramcontent.com/pod-product-compliance
Lightning Source LLC
Chambersburg PA
CBHW071948160426
43198CB00011B/1600